自分を動かす習慣

80のヒント集。

著＝張替一真
絵＝横井いづみ

ぱる出版

この本を手にして

唐突ですが、あなたは今、ここで「ドラえもん」の絵を
描いてみてと言われたら、スラスラと描けますか？

子どもの頃から慣れ親しみ誰もが知っている「ドラえもん」ですが、
いざ、絵に描こうとすると、案外描けなかったりするものです。
でも、きちんと絵に描こうと思った上で、
あらためて「ドラえもん」のアニメを見直してから取り掛かると、
人はそれなりに、「ドラえもん」だとわかる絵を描くことができます。

毎日決められたことをボーッとこなすだけでも、
物事をあまり深く考えずとも、
日々は、なんとなく平穏に過ぎていきます。

でも、あなたが自分の周りで起こっている出来事を注意深く観察し、
自分自身のことを客観的に見つめ始めると、
世界の見え方は変わってくることでしょう。

くれたあなたへ

自分の人生を「どう楽しもうか？」と常に意識しながら生きて
いると、同じ体験でも、得るものの密度は何倍も豊かになります。
物事に対する吸収力、感じ取る世界の濃度が変わってくるからです。
すると、人生そのものも、
面白いようにどんどん良い方向へと変わっていきます。

この本には、
「自信がない」「夢を持てない」「動けない」「ブレてしまう」「続かない」
そんな悩みを持っているあなたが、少しでも動き出せるように、
そのためのヒントをぎっしりと詰めこんでいます。
おまけの章では、「働くことって？」という疑問へのヒントも並べました。

うまくいかないとめげそうな日は、イラストだけでも眺めてみてください。
1つでも2つでも、「あ、これならできる」と思うものがあったら、
ぜひ、すぐに実践してみてください。
新しい行動が、あなたの人生を変えます。

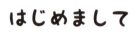

ナビゲーター
フキダシ君
Mr. Shi Fukida

頭の中で考えていることが字体化されて、
他人にも見えてしまう特徴を持っている
「フキダシ君」。

本人に自覚はないが、考えていることが
良いことも悪いこともバレバレなため、
「わかりやすい人」と人に思われている。
本人はそれにちょっと疑問を感じている。

CONTENTS

CHAPTER 1 自信がない

CHAPTER 2 夢を持てない

CHAPTER 3 動けない

CHAPTER 4 ブレてしまう

CHAPTER 5 続かない

CHAPTER 6 おまけの章

Introduction はじめに …2

CHAPTER 1
自信がない あなたへ

HINT 1	「未来」を変えられるのは「現在」だけ …10
HINT 2	今が「一番つらい」と感じるもの …12
HINT 3	つらい過去があるからこそ今がある …14
HINT 4	昨日よりも少しだけチャレンジしてみる …16
HINT 5	毎日いつもより 0.02 だけがんばってみる …18
HINT 6	小さな歯車を回してみる …20
HINT 7	コツコツと続けてきた努力が「信頼」になる …22
HINT 8	自分と「小さな約束」を取り交わす …24
HINT 9	「約束を守る」ことで自信が生まれる …26
HINT 10	過去の自分を肯定的に捉える …28
HINT 11	気づけなかった本当の自分に気づく …30
HINT 12	姿勢を変えると周囲も変わる …32
HINT 13	印象を決める「見た目」に気を配る …34
HINT 14	「自分の言葉」が自分を動かす …36
HINT 15	「勝ちぐせ」がつくと自信が生まれる …38

COLUMN シンデレラが、ビジネスマンとして優秀な理由 …40

CHAPTER 2
夢を持てない あなたへ

HINT 16	「なりたい自分」を描いてみる …44
HINT 17	「自分探し」をやめて「未来」を描く …46
HINT 18	「こうあるべき」を捨てて自由に描く …48
HINT 19	ワクワクできることを集めてみる …50
HINT 20	「目的」と「目標」の違いを理解する …52
HINT 21	ゴールから逆算して考える …54
HINT 22	憧れの人をイメージして行動する …56
HINT 23	まずは仮の目的を設定する …58
HINT 24	ワクワクできるかどうかを判断基準にする …60
HINT 25	手に入れたい未来像を思い込む …62
HINT 26	「目的」のレベルを上げていく …64
HINT 27	夢をビジュアル化して貼る …66
HINT 28	周りの人と夢をシェアし合う …68
HINT 29	応援してくれる「本当の仲間」をつくる …70

CHAPTER 3

動けないあなたへ

- HINT 30 ラクに流れる自分を見つめ直す …74
- HINT 31 動けない自分を動かす …76
- HINT 32 成功を阻む「5なし」くんを撃退する …78
- HINT 33 「心のブレーキ」を自覚する …80
- HINT 34 世は「早く動いた者勝ち」を認識する …82
- HINT 35 「命のバケツ」に早く気づくこと …84
- HINT 36 すぐに行動を起こさないと間に合わない …86
- HINT 37 必ず期限を決める …88
- HINT 38 シンプルな「3つのやる」 …90
- HINT 39 気が進まないことから取りかかる …92
- HINT 40 「優先順位」をつけて自分を動かす …94
- HINT 41 頭を整理整頓して自分を動かす …96
- HINT 42 宣言して自分を追い込む …98
- HINT 43 いらない情報、悪い習慣を絶つ …100

COLUMN パチプロこそ、企業が欲しい人材かもしれない!? …102

CHAPTER 4

ブレてしまうあなたへ

- HINT 44 鳥になって自分を客観的に見つめる …106
- HINT 45 甘えや誘惑を遠ざける戦いを挑む …108
- HINT 46 自分に「できない理由」を語らせない …110
- HINT 47 自分をブレさせる悪魔のささやきを撃退する …112
- HINT 48 マイナス言葉を吐くと夢が逃げていく …114
- HINT 49 未来のイメージを脳にすり込む …116
- HINT 50 夜眠る前におまじないをする …118
- HINT 51 心がブレても初心に立ち返って続ける …120
- HINT 52 「あなたらしい」が「自分軸」を育てる …122
- HINT 53 成長の3方向で器を広げる …124
- HINT 54 苦しい体験が「人間味」を育む …126

COLUMN チャンスの実と堕落の実、あなたはどちらを選ぶ？ …128

5 CHAPTER
続かないあなたへ

- HINT 55 知っていること、やっていること、成果が出ていることは違う …132
- HINT 56 普段できていないことは、結局はできない …134
- HINT 57 自分の「無意識な行動」を探ってみる …136
- HINT 58 自分の「良い習慣」と「悪い習慣」を見極める …138
- HINT 59 いったん「自分のやり方」を捨てて挑む …140
- HINT 60 習慣化へのステップ ①〔新しい知識を入れる、自分の行動を自覚する〕…142
- HINT 61 習慣化へのステップ ②〔意識を持って、行動ができている状態になる〕…144
- HINT 62 習慣化へのステップ ③〔決めたことをちゃんとやる、チェックする〕…146
- HINT 63 習慣化へのステップ ④〔楽しくなる"しかけ"をつくる〕…148
- HINT 64 誰にでもわかりやすい良い習慣を身につける …150
- HINT 65 習慣のコツ「再建の3原則」…152
- HINT 66 簡単そうな「挨拶」こそ難しい …154
- HINT 67 人の話を聞くあいうえお＋め …156
- HINT 68 本当の楽しさは「やり抜いた先」に待っている …158
- HINT 69 乗り越えた壁が高いだけ「やりがい」も大きい …160
- HINT 70 全ては自分から始まる …162

COLUMN RPGが楽しいのはあなたが主人公だから …164

6 CHAPTER
働くことを楽しむ

- HINT 71 「楽しい」と「楽しむ」は違う …168
- HINT 72 何のために働くの？…170
- HINT 73 「働く」ことで大人になれる …172
- HINT 74 同じ仕事でも「捉え方」で気持ちは変わる …174
- HINT 75 働く目的がわからなければ仕事は"作業"になる …176
- HINT 76 お金を稼ぐことは「目的」ではなく「条件」…178
- HINT 77 あなたは血液を流すために生きているの？…180
- HINT 78 豊かになることを否定しない …182
- HINT 79 「ボランティア」と「仕事」の違いは何か？…184
- HINT 80 どうせ働くんだったら、楽しもう！…186

In conclusion おわりに「自分の人生を楽しもう！」…188

CHAPTER 1

15 HINTS

自信がないあなたへ

「未来」を変えられるのは「現在」だけ

過去と現在の延長線上にあるのが未来

どれだけ成長するかで、未来は大きく変わる

未来とは？

「未来」は、「過去」と「現在」の「延長線上」に生まれるものです。過去から現在の位置へと線を結び、そこから先へまっすぐ進んだ場所が、未来の位置ということです。

あなたが過去に、何を成し遂げたか、どのような状態にまで達したか、何を決断し、そこから現在までどのように歩んできたのか、それらがすべて、今現在のあなたをつくり出しています。

あなたの今のレベル。

そして今、あなたが達しているレベル、置かれている状況、そこから未来が導き出されます。あなたの掲げている目標、考え方、日々の行動、努力、それらすべてが、あなたの未来をも決めてしまうということです。

ちょっと怖いですか？

少し考えてみると、これは喜ぶべきことだとも言えませんか？

なぜなら、過去を変えることはできませんが、現在の位置を高めることができれば、当然未来の位置も、より高い位置に変えることができるからです。

さあ決断をしよう！

あなたがたった今、「未来を変える」と決断をして、新たに目標を掲げ、その達成に向けて考え方を変え、日々の行動を変え、コツコツと小さな努力を続けていけば、未来も変わってくるのです。

HINT 2
CHAPTER 1
今が「一番つらい」と感じるもの

今までの人生で一番つらかったこと ランキングBEST5

1 今
理由 今が一番努力しているから!

2 小学校の頃、いじめにあっていた

3 愛犬の死

4 高校受験で第一志望の高校に入れなかった

5 就職がなかなか決まらなかった

解説
これらが一番つらいということは「過去」にとらわれているということ

「今を生きる」とは、
過去にとらわれず、明るい未来のために「今」を全力で生きること!

人生で一番つらいこと。

「人生で一番つらかったことは何ですか？」と聞かれたら、あなたは何と答えるでしょうか？
「小学生の頃、友達にいじめられたこと」
「受験に失敗して、入りたい学校に入れなかった」
「○○さんにフラれてつらかったなぁ」
いろんな答えが出て来そうですね。

一番つらいのは「今現在」

同じ質問を問われたら、「今です」と答えられたらいいですね。

それはなぜか？ 今が「一番つらい」と感じるのは、「今が一番努力をしている」からです。さらにもっと高みを目指し、その高い目標に向かって努力をしていれば、必ず未来は開けます。

もしあなたが、「一番つらかったことは○○だ」と答えたとしたら、本質的にはまだ、その○○な出来事を完全には乗り越えていないのです。過去にとらわれているということ。

本来は物事には良いも悪いもないのです。ただ、こういうことがあったという事実があるだけです。

「今を生きる」とは、

過去の栄光にすがらず、過去の失敗に落ち込み続けることなく、まさに、明るい未来のために、「今」を全力で生き切ること。

「がんばったのはいつ？」「苦労したのはいつ？」と聞かれたら、過去ではなく「今だ！」と答えられる人、今を全力で生きている人が、明るい未来をつくれるのです。

HINT 3
CHAPTER 1

つらい過去があるからこそ今がある

過去の事実は変えられない

大切なペットが死んでしまった…

起こったことをいつまでも引きずる	起こったことを受け入れる

あの時ああすればよかった…もっとこうすればよかった僕のせいだ…	淋しい時も一緒に遊んでくれてありがとうずっと忘れないよ

過去の解釈は変えられる

第 1 章　自信がないあなたへ

本当に過去は変えられない？

HINT1(10P)には、「過去は変えられない」とありますが、本当は「過去も変えられる」のです。あなた次第で、いくらでも。あなたがその出来事をどう捉えるか、そこから何を学ぶか、どう成長の糧にできるかで、いくらでも過去は変えられます。

今のあなたは？

その出来事があったから、今のあなたがあるのです。その時はシンドかったかもしれませんが、あなたは今、ここで生きています。そこから何歩も、未来である今に向かって歩き続けてきています。過去のつらい出来事は、もう終わっている話です。過去に引っ張られすぎる必要はありません。

自分が常に成長し続けていけば、

過去のキツい経験も何でもないことのように思えるようになります。もうあなたのいるステージは違ってきているのですから。

過去を振り返って冷静に眺めて、心に刻みこむことは必要ですが、いつまでも、その時のことをくよくよと思い悩むのは時間の無駄です。

「あれがあったから、自分は今、こうなっている」

過去の出来事を前向きに捉えて、未来への飛躍の踏み台にすることができたらしめたもの。捉え方次第で、いくらでもあなたは過去を変えることができます。それに伴い、未来もまた変わっていくのです。

つらい過去があるからこそ 今がある

HINT 4
CHAPTER 1
昨日よりも少しだけチャレンジしてみる

大変 = 大きく変わる

CHANGE
〈チェンジ〉

T TRY すると…

CHANCE
〈チャンス〉 に変わる!!

第 1 章　自信がないあなたへ

 大きく変わると書いて＝「大変」となります。

　過去への見方を変える、今の自分を変える、そして未来を変える。何かを変えようと思うと「どうしていいかわからない」「動けない」という人は、多いかもしれません。
　「変わる」というのはそういうことです。大きく変わることはとても大変なこと。簡単に成し遂げられることではありません。大変だからこそ、過去には想像もつかなかった新しい自分を、手に入れることができるのです。

 「CHANGE」という単語を眺めてみてください。

　「G」の下の方には、小さく「T」の文字が見えますよね。
　「CHANGE」変わることに、あなたが「TRY」挑戦すれば、それが「CHANCE」になるのです。

 CHANGE の中にこそ、CHANCE はあります。

　変わり続けることを日々、心に留めて生活してみてください。昨日よりも今日、今日よりも明日、朝よりも今この時間、明日の朝にはもっと、少しずつ変わり続けていくことで、変化が少しずつ大きくなります。大変だった日々を越えて、あなたは過去よりもずっと大きく成長することができるのです。そして、たくさんのチャンスを手に入れることができるはずです。

 大変だけれど、チャレンジ「CHALLENGE」しましょう！

　大変なことにこそ、チャンス「CHANCE」はあるのです。今を変えれば、未来を変えることもできます。

昨日よりも少しだけチャレンジしてみる

HINT 5
CHAPTER 1

毎日いつもより0.02だけ がんばってみる

たった 0.02 の差で こんなに変わる!!

コツコツ努力すれば、やがて大きな力になる

1.01の法則
$1.01^{365} = 37.8$

1日のノルマ 100コ

コツコツと!

多めにやっておこう!
101コやる

たった2コの差

99コやる
足りないけどまあいっか

1年後 大きな差になる

$0.99^{365} = 0.03$
0.99の法則

少しずつサボれば、やがて力が消えてなくなる

「0.02の違いの法則」を考えてみましょう。

もしあなたが、0.99ずつ物事を少しずつサボったとします。
「明日やればいいや」「面倒くさい。ちょっと減らしてしまおう」
「誰かがやってくれるだろう。これくらいやらなくてもいいよね」

人間はラクな方、ラクな方へ逃げてしまう動物。

いくらでもサボる気持ちは湧きあがります。「今日くらい」という安易な気持ちでほんのちょっと、1に対して0.99だけサボっても、一見わからないくらいの微妙な差ですから、誰にも気づかれることはないかもしれません。誰にも咎められなければ、また、0.99サボる。

少しずつ少しずつサボっていき、やがて1年がたつと、あなたの力は0.03にまで落ちてしまいます。考えると、とっても怖いですよね。

一方、ほんの少しでも1よりも上を目指したらどうでしょう？

1に対して1.01がんばってみるのです。0.99サボるのとほとんど変わらないほどの小さな差。これもおそらくとても小さい差なので、周りの人にはわからない程度でしょう。誰にも褒められることはなくても、コツコツと毎日1.01ずつ、昨日よりもがんばってみる。改良してみる。努力を重ねていけば、1年後には、37もの力になります。

この二つの姿勢の差は、たった0.02です。

それでも、これだけ大きな成長の差が生まれるのです。あなたがちょっとラクをしてサボるのと、ちょっとだけ踏んばって努力をするのとでは、あなたの未来は大きく変わってしまうということです。

逆に言えば、ほんの少しの変化でも、毎日積み重ねていけば大きな力を持つことができる。なんだか希望が持てる話ではありませんか。

小さな歯車を回してみる

大きい歯車と小さい歯車の違いは、一目瞭然です。

　大きい歯車は固くて、重い。奥の方にあります。
　小さな歯車は、小さいので軽い。手前に位置しています。

　大きい歯車を、いきなり回そうとしてもとても無理でしょう。回り出すのにはとても時間がかかります。ビクともしないものを相手に奮闘しても、途中で嫌になりそうです。そのうちあきらめてしまう人もいるかもしれませんね。

手前にある軽くて小さな歯車。

　小さな歯車は回すのにそれほど苦労はしないでしょう。くるくると回り始めたらしめたものです。そのまま回し続けていれば、いつしか奥の大きな歯車へも力が届き、重い歯車が動き始めます。そして気がつけば、大きな動力が生まれているはずです。

あなたの成長にも同じことが言えます。

　最初は小さな行動から始めてみる。それをずっと続けると徐々に力がついてきて、少しずつ成長することができる。そしていつしか大きな変化が現れる。無理なことのように思えていた大きな目標が、いつの間にかクリアできるくらいになっていきます。

何か大きな目標を達成しようとする時は、

　この「小さな歯車理論」を思い出してください。焦らず、毎日コツコツと小さなことを続けていく。自分で回せる小さな歯車を回し続ける。いつか大きな歯車へと動力がつながることをイメージして、そこから始めてみてください。

コツコツと続けてきた努力が「信頼」になる

信用は過去、信頼は未来の話。

信用 〈過去に対する評価〉

信頼 〈未来に対する期待〉

「信用」と「信頼」の違い。

同じもののような感じがしますが、この二つ、ちょっと違います。
「信用」というのは、「あなたの過去に対する評価」です。
あなたがこれまでしてきた経験、どのような発言をし、どのように行動をしてきたか。どのような結果を残し、どのように評価をされてきたか。どのような努力を重ね、どのような成長を遂げてきたか。

「信用」とは、

そういうことを全てひっくるめて、あなた自身に対して、
「こういう考えの持ち主だ」
「こういうことのできる人だ」
「こういうことはしない人だ」
と評価をされる。それがあなたに対する「信用」です。

「信頼」とは、

「あなたの未来に対する期待」。
今現在のありのままのあなたに対して、人が寄せてくれる期待です。
「この人はこのように行動してくれるだろう」
「こういう成果を上げてくれるだろう」
「この人なら大丈夫だ」

あなたがこれまで積み上げてきた「信用」があれば、

それは「信頼」を生み出します。誰にも認められないと思ってもコツコツと続けてきた努力が信用され、いつしかあなたの未来の行動への期待となり、あなたへの信頼になるのです。

自分と「小さな約束」を取り交わす

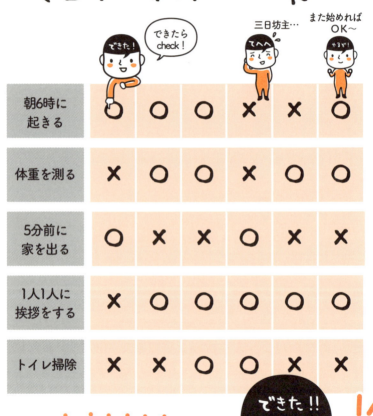

自分は、過去に特に努力もしてこなかった。

大した成果も上げていない。人から信用なんて得られていない。自分はダメだ。と考えている人がいるかもしれません。

でも、落胆する必要はありませんよ。どれだけ、過去がダメダメでも大丈夫です。もちろん、人からの信用や信頼を得るのにはそれなりの時間がかかります。自分だけの努力だけでは、人の信用はなかなか積み上がっていかないかもしれません。

まずは自分で自分を信頼する

だったらまずは、自分の未来にあなたが期待してみましょう。あなた自身が、自分をとことん信頼するのです。それならあなたでも、今すぐにでもできますよね。

自分のことを信頼できるようになるには？

それには、「自分との小さな約束」を守ること。守り続けることで、自分への信用をまずは積み上げていくのです。自分との小さな約束が、あなたにとっての小さな歯車となります。

具体的な方法はいたってシンプルです。表を作って、毎日できたら〇、できなかったら×印をつけていきましょう。できない日があっても焦らないで。三日坊主になってしまっても、また今日から始めればいいのです。〇がついたら嬉しいものです。できたことにフォーカスすれば、また〇をつけたくなって、一からがんばれます。

小さな約束でかまいません。

たとえできない日があっても、すぐにまた仕切り直し、できない日を減らしていきましょう。

自分との小さな決め事を決めて、それを守るところから始めてみましょう。

HINT 9
CHAPTER 1
「約束を守る」ことで自信が生まれる

自信＝自分への「信用」「信頼」

約束を破ると増えるもの	約束を守ると増えるもの

また寝坊した…
不信 / 不安 / 迷い

今日もちゃんと起きた！
信用 / 信頼 / スッキリ

守れない日があっても
**あきらめず
すぐまた守る**
そうやって
守れる割合を増やす

そうすると…

→

自分への
信用・信頼
＝
自信がつく
＝
他人の信用・信頼が
得られるようになる

守るたびに得られるもの。

　自分との約束、人との約束に限らず、小さな決め事を守るたびに得られるもの。それは、信用、信頼、スッキリとした気持ちです。
　一方で、約束を破るたびについてしまうもの。それは、不信、不安、迷いです。

他人との約束は守りやすい。

　破った時に失うものがイメージしやすいからです。
　その一方で自分との約束は破りやすいもの。破ったことは自分にしかわからないし、破った時のイメージもしにくいからです。
　だからこそ、知らず知らずのうちに自分への不信感が募り、常に自信を持てない自分になってしまうのです

小さくても決めたことは守る。

　守れない時があっても、あきらめず、またすぐに守る。守れる割合を増やす。それを日々続けていくことで、少しずつ自分への信用を増やし、自分の未来にも期待できるようになれば、自分で自分自身をしっかり信頼することができるようになります。

自分への「信用」や「信頼」。

　それが強固になることで「自信」が生まれます。
　自信が身についてくるとおのずと行動がブレなくなり、いつしか他人の信用、信頼を得られることにも、つながっていきます。

まずは、約束を守った自分を、

　目に見える形に残すことを続けてみましょう。

過去の自分を肯定的に捉える

マイストーリー

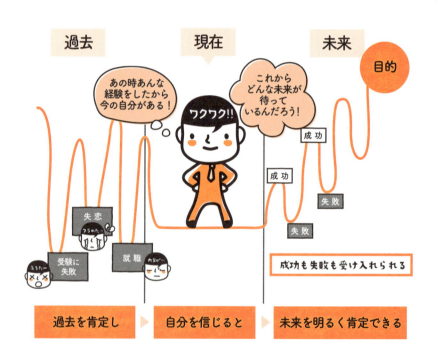

自分を信じるためには、

　過去の自分を信じるしかありません。過去をどれだけ否定していても、そこからは何も生まれません。

　まずは自分の人生を肯定してください。どんなにひどい出来事が起こったとしても、打ちのめされるような体験で心がズタズタに傷ついたとしても、それもあなたの人生。今のあなたを形づくっている大切な経験です。

 ## あなたが、あなた自身の過去を肯定できないと、

　結局、未来を明るく肯定することもできません。過去も未来も全てを否定し続ける人生になってしまいます。

　誰の人生にも、大なり小なりドラマがあるものです。怖がる必要はありません。ジェットコースターのように上がったり下がったり、浮き沈みがあるからこそ、生きている醍醐味、意味があると思いませんか？

　その時にはわからないかもしれませんが、全ての体験は、あなたにしかできない、あなただからこそ味わえたすばらしい体験。究極を言えば、「今、ここに命がある」というだけで幸せなこと。そう思えるかどうかで、気持ちはずいぶん違ってくるでしょう。

 ## 「マイストーリー」を大切なものとして扱う。

　自分自身を信じられるようになると、すばらしい景色が見えてきます。過去の自分を肯定的に捉えられるようになると、ある種、仏のような領域に入っていきます。

 ## 自分の過去を肯定し、自分自身を信じる。

　これは、今すぐにでもできることです。お金もかかりません。今この瞬間から始めてみるべきです。

　自分自身を肯定し、自信を身につけるための本はたくさん出ています。具体的な方法は、そういった内容の本を読んで学んでくださいね。

気づけなかった本当の自分に気づく

CHAPTER 1 / HINT 11

ジョハリの窓・とは？

フキダシ君 劇場「箱の中身は何でショー」

〈開かれた窓〉
自分・他者ともに知っている部分

〈気づかない窓〉
自分では気づいてないが他者には見える部分

〈隠された窓〉
自分は知っているが他者には見えない部分

〈閉ざされた窓〉
自分・他者ともに知らない部分

人の話を聞いて受け入れる。
勇気をもって自己開示することで
あなたの「開かれた窓」はますます大きくなる!!

第1章 自信がないあなたへ

「ジョハリの窓」をご存知ですか?

心理学の領域で、より客観的に自己を分析するために、よく使われるフレームワークです。

自分自身に対する理解を、「開かれた窓」「隠された窓」「気づかない窓」「閉ざされた窓」の4つに分類します。

「**開かれた窓**」とは、自分も他者も知っている、あなた自身が見える窓のこと。
「**隠された窓**」とは、自分は知っているが、他者には見えない部分が見える窓。
「**気づかない窓**」とは、自分では気づいていないが、他者には見えているあなた自身。
「**閉ざされた窓**」とは、自分も他者も知らないあなた自身が見える窓です。

自分ではわからなかったけれど、「他人からはそう見られているんだ」「自分にはそういう一面があるかも」と謙虚に「気づかない窓」に目を向け、他者からのフィードバックを受け入れると、あなたの「開かれた窓」はますます大きく開かれます。

自分だけが知っていた「隠された窓」を、

勇気を持って他者に自己開示することでも、あなたの「開かれた窓」は大きく広がります。さらには、他者のあなたへの理解も深まります。

自分と他者の「自分に対する自己認識のズレ」が縮まることで、あなたは、これまで気づけなかった自分自身をより深く理解することができ、あなたを取り巻く他者にも、あなた自身のことをより深く理解してもらうことができるでしょう。

「開かれた窓」が大きくなれば、

さらにコミュニケーションが円滑に進み、あなたが持っている能力を発揮するのにも役立ちます。それがやがて、自分に自信を持つことにもつながっていくはずです。

家族や友人の手を借りて、一度、自分の「ジョハリの窓」を覗いてみましょう。

気づけなかった本当の自分に気づく

HINT 12
CHAPTER 1
姿勢を変えると周囲も変わる

元気になる体の使い方

1 体の使い方を変えると…
ex うなづく／手を挙げる／拍手する

2 声が出るようになる
ex 力強い返事をする／笑う／発表する／前向きな言葉

3 心が変わる
前向きになる／自信が持てる／テンションが上がる

4 周囲が変わる
あなたの職場や家庭の空気を変えるのはあなた

＝

場の空気を立たせるルール

元気をキープする体の使い方。

　常に自分に自信を持ち、高いモチベーションを持ち続けるには、常に元気でいること。

　そのための「体の使い方」を、具体的に見ていきましょう。

「うなづく」 …… 首だけでなく胸から大きくうなづく。
「返事をする」 …… 元気に力強く、シャキッと返事をする。
「手をあげる」 …… 自分から積極的に、手をあげる。
「発表する」 …… 大きな声で、堂々と発表する。
「拍手する」 …… 心を込めて、大きな拍手をする。
「笑　う」 …… 素直に笑い、笑顔の輪を作る。
「前向きな言葉」 …… 前向きな言葉を使う。

空気を立たせるルール。

　じつはこれ、場の「空気を立たせるルール」でもあるんです。あなたの職場や家庭、属する団体の空気を変えるのは、あなた自身の姿勢、体の使い方一つということです。

体の使い方が変わり、声が出るようになると、

　心も変わってくるから不思議です。あなたの心が変わると、周りも変わってきます。面白いように、環境も変わってきます。姿勢を良くして、体を大きく使い、大きな声を出す。

　なんだ、そんなこと？ と思うかもしれませんが、これは非常に効果があります。しかし、残念ながら多くの人ができていません。

もう一つ大事なこと。

　身だしなみや自分のいる環境を整えることは、最低限のルールということをお忘れなく。ボサボサ頭のだらしのない格好で、カバンの中や机の上がいつもぐちゃぐちゃの人と一緒に仕事をしたいと思いますか？ 言わずもがなです。

印象を決める「見た目」に気を配る

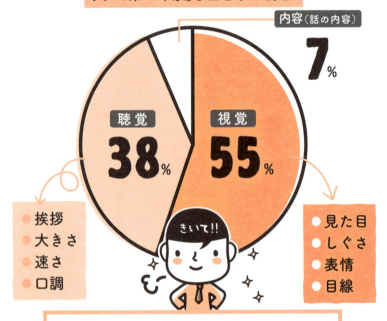

「メラビアンの法則」というものがあります。

人の「第一印象」を決定づける際の、情報の伝わり方を数値で表したものです。人が人に与える印象を決定づけているのは、以下の3つの情報です。
「**視覚情報**」(見た目や表情、目線、態度やしぐさなど)…55%
「**聴覚情報**」(挨拶、声の大きさやトーン、話し方、スピードなど)…38%
「**言語情報**」(言葉そのものの意味や、話の内容など)…7%

言語情報はたったの7%。

言語で伝えている情報(言語コミュニケーション)の割合が7%とは、ちょっと衝撃的ですよね。いかに見た目や態度、姿勢といった情報(非言語コミュニケーション)が、あなたの第一印象を決めてしまうかということです。

非言語コミュニケーションに留意する。

これは、見た目や伝え方といった非言語コミュニケーションが何より大事ということではなく、あなたが自分の印象をより正確に伝えたい、相手により良い印象を持ってもらいたいと思うのであれば、話の内容をブラッシュアップして、言語コミュニケーションのスキルを高めるのはもちろんのこと、非言語コミュニケーションにも留意するべきということを言っているのです。

身だしなみを整え、姿勢を正し、大きな声で挨拶をし、ハキハキと話す。それができて初めて、相手は、あなたが伝えたいこと、あなたの話をフラットな姿勢で聞いてくれる、あなたのことを素直な気持ちで受け入れてくれるということです。

いいシャツを着て、上等なカバンを持ちましょう。

あとは自信を持って、あなたの魅力を感じてもらえばいいのです。第一印象を整えることは、自分に自信を持てる簡単な方法の一つでもあります。他者のみならず、自分に最も効果を与えることでもあるのです。

「自分の言葉」が自分を動かす

自分で自分を貶めない。

もしあなたが、「どうせ一人だし」「誰も見ていないよ」と考えて、きちんとした格好をすることに無頓着でいるとしたら、それは、自分自身を貶めていることに他なりません。

言葉の力はとても強いものです。

人生において、自分の耳（脳）が一番多く聞く言葉、脳にダイレクトに響く最も回数の多い言葉は、あなた自身の言葉です。その言葉によって、脳はあなたの体に指令を送ります。

「自信がない」「どうせムリ」「めんどくさい」「だるい」…。

マイナスの言葉をたくさん聞かせれば、あなたの体はどんどんマイナスに犯されて、いろんなことがマイナスに働いてしまうでしょう。

「おもしろい‼」「楽しい」「がんばろう！」「ありがとう」…。

いつでも体が、プラスの言葉を聞いているとしたらどうでしょう。きっとあなたは元気になって、気力にあふれた状態になるはずです。

プラスの言葉をどんどん口にして、

脳に働きかけ、体に指令を送らせましょう！
自分の言葉の力を信じると、思いがけない力が漲ってきますよ。

「勝ちぐせ」がつくと自信が生まれる

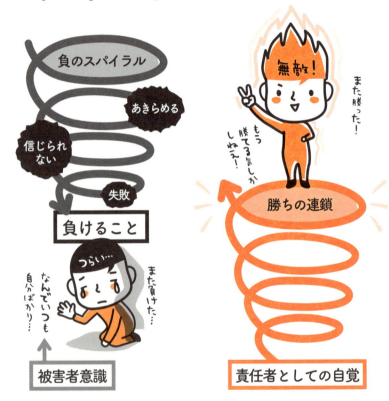

小さなことでも **勝ちぐせ** を付けていこう！

炎のジャンケン制度。

セミナーや研修などにおいて、「炎のジャンケン制度」というものがあります。皆の前で何かを発表する際、ジャンケンに勝った者でないと、その権利を得られないようにする制度です。

ルールは簡単です。
① 勝者のみが発表できる
② 敗者は「発表できず」に悔しがる

勝者は喜んで発表します。

なぜなら人前で発表したり、失敗したりという恥ずかしい思いをすることで、あるいは共感を得るという成功を味わったり、その高揚する体験を得ることで、勝者は、さらなる成長を奪い取ることができるからです。だから敗者は、「発表できず」に悔しがるわけです。"炎の"とうたっているのは、大きな声で、声と心を使って行うからです。自分の熱量がチーム全体の雰囲気を変えていきます。

たかがジャンケンと侮るなかれ。いつでも真剣に、こういうことに取り組む姿勢があなたを変えていくからです。

「勝ちぐせ」をつけることがとても重要なのです。

「勝ち」の連鎖は、「自信」「ヤル気」というプラスのスパイラルを巻き起こしていきます。「責任者」としての自覚を呼び、あなたを成長させてくれます。

逆に「負けぐせ」の連鎖は、

「不信」「あきらめ」といったマイナスのスパイラルを起こします。そのうち、自分を「被害者」のように感じ始めます。

どんな些細なことでもいいのです。常に勝つことを意識して、「勝ちぐせ」をつけていくこと。それが、あなたの自信へとつながっていきます。

シンデレラストーリーはビジネスの話に置き換えられる

誰もが知っているシンデレラのお話をビジネスの話として考えてみると、面白い発見が色々あります。

シンデレラは美しく心の清い娘でしたが、意地悪な継母と義理の姉たちに虐げられ、ボロボロの服を着て、召使いのようにこき使われていましたよね。それでも彼女は、毎日、命じられた家事を決してサボることなく、おそらく誰よりも一生懸命こなしていたのだと思います。だからこそ、ある時、魔法使いから選ばれたのです。

ビジネスの世界でも、こういう信じられないようなことが起こることがあります。日々、誰に命じられたわけでもなく、やるべきことをして、一つひとつまじめにコツコツと成果を積み上げていると、ある日突然、あなたをグッと引き上げてくれる人と出会ったりすることがあるのです。

見た目も重要という盲点

さて、シンデレラにも、継母や姉たちだけが着飾って出かけた、お城で催されている舞踏会に行くチャンスが巡ってきました。魔法使いが魔法をかけて、彼女の身支度を素敵に整えてくれたのです。美しいドレスに瀟洒なガラスの靴を身にまとい、かぼちゃでできた馬車に乗って、舞踏会の開かれているお城へと出かけていくシンデレラ。ただし、日付の変わる12時には魔法は解けてしまいます。魔法使いは彼女に、それまでには家に帰ることを約束させ送り出しました。

ここのポイントは、彼女がきれいなドレスを着て出かけたということです。確かにシンデレラは、どんなに惨めな状況に置かれても、決して腐ることなく務めを果たし、努力をして人間性を磨いてはいました。ですが、いつもまとっているボロボロの服のままでは、門前払いされてお城に足を踏み入れることはできな

シンデレラが、ビジネスマンとして優秀な理由

かったはずです。これは、あなたが夢を叶え、自分の思い描くような未来を手に入れたいと思うのであれば、身だしなみも大切だという教訓です。

基本中の基本ですが、髪を整え、清潔感のある服装をして、不快に思われない状態でなければ、人から相手にしてはもらえません。

TPOに合わせた服装ができなければ、対等の立場で同じ土俵に上がることはできません。心がけや中身が大事なことは言うまでもありませんが、それを表現する外見も、特にビジネスの世界においては重要なのです。

あなたがすでに、大きな実績があり、どんな人物なのかも理解してもらえているのであれば、話は変わってくるかもしれませんが、まだ何者かもわからないと思われているのなら、見た目を整えてまずはスタートラインに立つことが大切ということです。

ホンモノであれば必ず評価してもらえる

さて、その舞踏会は、王子様の結婚相手を見つけるためのものでした。世界中から見目麗しい娘たちが集まっています。シンデレラは美しい娘でしたが、同じような豪華な衣装の美女たちが、お互いに美しさを競い合っていたことでしょう。けれども、王子様にはホンモノを見抜く力がありました。たくさんのアプローチがあったであろう王子様ですが、だてにモテていただけではなかったのでしょうね。大勢の美しい娘たちの中から、王子様はシンデレラに目を止めます。継母や義理の姉たちからいじめられながらも、日々努力を重ねてきた彼女の人間的な魅力に、彼はきちんと気づいてくれたのです。

ここでのポイントは、あなたがホンモノでさえあれば、必ずあなたを引き上げてくれる人がいる、良いお客様が気づいてくれるということです。うまくいかない時も、日々努力を重ねて少しずつでも実力を身につけていけば、必ずあなたを

評価してくれる人に出会えます。ビジネスマンとして、お客様から選ばれなかったとしてもめげる必要はないのです。それは、あなたにとって必要なお客様ではなかったのですから。ただし、あきらめて努力を怠ってしまっては、そのようなチャンスは巡ってきません。

知ってもらう努力も必要

　シンデレラは、王子様とダンスをして夢のような時間を過ごしました。けれども、もうすぐ魔法が解けてしまう時間です。もう二度と彼と会うことはないと思いながら、シンデレラは後ろ髪を引かれるようにしてお城を後にします。ところが、慌てていた彼女は、去り際にガラスの靴を片方落としてしまうのです。王子様はシンデレラのことが忘れられなくて、このガラスの靴を手がかりに世界中を探しまわります。そして最後にはシンデレラと再会し、2人は結婚して幸せに暮らしました。めでたしめでたしというお話でした。

　シンデレラはこのガラスの靴を故意に置いていったわけではないですが、この手がかりがなければ、王子様に見つけ出してもらうことはできなかったでしょう。

　つまり、あなたが何者か？ 何が好きなのか？ 何を得意としているのか？ どんなことを目指しているのか？ ということを示すこと、人に積極的に伝えることも、あなたが理想の未来を築いていくためには重要だということです。

　一見すると、魔法使いの手で幸せを掴んだように思えるシンデレラですが、よく考えてみると、叶えるべくして夢を叶えた人だったのではないでしょうか。シンデレラは、コツコツと日々努力を積み重ね、人間性を磨き、人にサポートをしてもらいながら、運も味方につけて、すばらしい未来を手にしました。これを「シンデレラ理論」と呼びます。あなたも、ちょっと視点を変えて物語を眺めてみてください。

CHAPTER 2

夢を持てないあなたへ

「なりたい自分」を描いてみる

第 2 章　夢を持てないあなたへ

あなたは未来が怖いですか？

「先行き不透明だから不安を感じる」
「自分はどんな風に生きていけばいいかわからない」
「自分は何になれるんだろう…」

知らないから怖いだけ。

あなたが将来に対して不安を感じ、怖いと思ってしまうのは、未来を自分自身で描いていないことが原因です。暗がりが怖い、オバケが怖いということと同じです。見えないから姿形がわからない、オバケのことを知らないから、闇雲に怖いと感じてしまうのです。

貞子がいつも隣りにいたら？

もし、鈴木光司の小説に出てくる"貞子"が、血を滴らせた格好で、毎日あなたの隣りにいたら、あなたもさすがに「まずは、血を拭けよ」と言うでしょう。こうなったらギャグです。いつも姿形が見えていれば、貞子だって怖くもなんともありませんよね。慣れればオバケだっておトモダチです。

未来も同じこと。

あなたの未来は、あなたがいくらでも自由に描くことができます。
あなたが、「こうなりたい」「こうしよう」としっかり未来の姿形を描いて明確にしておけば、未来なんて怖くもなんともなくなりますよ。

「なりたい自分」を描いてみる

HINT 17 / CHAPTER 2
「自分探し」をやめて「未来」を描く

未来は探すものではない。

未来 ≠ SEARCH

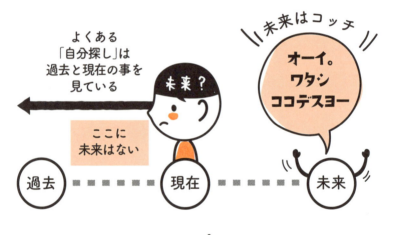

よくある「自分探し」は過去と現在の事を見ている

ここに未来はない

未来?

未来はコッチ

オーイ。ワタシココデスヨー

過去 ・・・ 現在 ・・・ 未来

過去と現在の事が書いている

辞書

辞書に未来の事は書いていない

未来は自分で描くもの。

未来は探すものではない。

あなたが、未来を探そうとしているとしたら、それは無駄な行為です。

未来は探すものではないからです。

未来は、あくまでもあなたの今現在からずーっとつながっている線、その延長線上に存在するもの。どこかに探しに行けば、見つかるものでもありません。どこか別の場所に、ポコンと落ちているものではないのです。

「自分探し」は過去探し。

よくある「自分探し」は、過去と現在を振り返って、自分がこれまでしてきたことの中から何かを拾い集める行為です。自分を表現するための、何か手応えが感じられるものを一生懸命探している状態と言えます。

でもそこには、あなたの過去はあっても、あなたの未来はありません。あなたという"辞書"には、過去と現在のことは書いてありますが、未来のことは書いていないのです。

未来はあなたが描くもの。

未来は、あなたが自分自身で自由に描くもの。

未来を描くことは、あなたが「自分はこうなる」「自分はこうするんだ」と、自分の意思をハッキリと表明することです。

未来は、決して探すものではない。

ということを覚えておいてください。

HINT 18
CHAPTER 2

「こうあるべき」を捨てて自由に描く

あなたの未来のキャンバス

あなたの未来はいつだってホワイトキャンバス。

あなたは、自分の未来を自分でしっかりと見えるように、自由に描いていいのです。

 ## 他人に書き込ませてはダメ。

あなたが未来を描く時、あなた以外の人に描かせてはダメですよ。両親も兄弟も、友達も先生も、誰もあなたのキャンバスに絵を勝手に描く権利はないのです。

でも、そういう人が意外と多いです。「自分はこうあるべき」「こうしないと親に怒られる」「別に他にないから、これでいいや…」は捨ててください。

そんな風に、あなた以外のいろんな人が勝手に書き込んだあなたのキャンバスは、いつのまにか黒ずんで汚れてしまっているような気すらしますが、それはすでに過去のキャンバスです。

 ## 未来のキャンバスは明るく輝く。

そして、大切なあなたの未来を描くためには、情報集めも必要です。勉強も大切です。より良い未来を描こうと思ったら、ありとあらゆる情報の中から自分にとって必要な、そして本質的な情報を取捨選択し、たくさんのことを学んだ上で、自分で納得して描かないといけません。

描くのに時間がかかってもいいのです。途中で違うなと思ったら、全て消して、何度でも書き直してください。過去の絵だって、いくらでも変えられます。

 ## 真っ白なキャンバスの上に描こう。

自分の未来を、人生の絵を、楽しみながら何度でも、真っ白なキャンバスの上に描きましょう。

ワクワクできることを集めてみる

人生の数だけ、ドラマがある。

映画 マイ・ライフ・ストーリー

冴えないサラリーマン「フキダシ君」が、小さい頃からの夢を思い出し次々とヒット作を生み出す「おもちゃクリエイター」になる、笑いあり涙ありの、サクセスストーリー。

- 主人公 フキダシ君 「やったぜ!」
- 手がけた商品が大ヒット！おもちゃメーカーとして独立
- 盗作疑惑で訴えられ、会社存続の危機
- でもなんとか乗り越える
- あこがれの彼女と結婚 頑張って！
- かわいい子供にも恵まれる
- リタイア後は夫婦で海外移住
- Fin. ハッピーエンド

自分の人生の主人公は自分。

ワクワクするストーリーを考えよう！

いつ、何からすればいいか？
どうしたらもっと面白くなるか？
「カット！」で言ってみたい
カントク。

あなたの人生はあなたの「作品」。

あなたの人生の主人公は「あなた」です。他の誰でもありません。

あなたが今まで歩んできた道は、あなたが描いてきたもの。過去も、あなたが自分でつくってきたあなただけの「作品」です。そして、これからやってくる未来ももちろん、あなたが自由に描く、あなたが主人公のあなただけの「作品」となるのです。

映画をつくるように人生をつくろう。

「自分が主人公の映画をつくる」と考えてみたらどうでしょう。

自分で自由に好きなように行動していいのです。場所も、共演者も、ストーリーも、自分で選べます。あなたがワクワクできることだけを集めてしまっていいのです。

実際に映画作品をつくるにしても、何年も時間と労力をかけて、綿密な準備がなされます。しっかりと絵コンテが作られて、それを何度も修正し、ブラッシュアップして、様々な肉付けがされて、映画はつくられていきます。

どんなストーリーにしますか?

あなたの人生も、あなたが監督の映画作品。主人公として思う存分、イキイキと生きたいですよね。どんなストーリーにしたいか、どんな主人公として生きたいか、じっくり考えてみましょう。そんなふうに考えたら、ワクワクしてきませんか?

HINT 20 CHAPTER 2 — 「目的」と「目標」の違いを理解する

目的

GOAL

- 「こうなりたい」という最終的な状態
- 具体的に示す
- 理由が重要である

なりたい自分

10万部ベストセラー作家になる!

目標

CHECK FLAG

- 目的を達成するための道しるべ
- マイルストーン(一里塚)
- 「〜における状態」で考える

サイン会
メディアに取り上げられ話題になる
本を執筆
出版社にプレゼン

そのためにすること

① 出版社にプレゼンし、出版を決める
② 本を書き上げる
③ 出版してファンをつくってサイン会
④ メディアに取り上げられ話題になる

「未来」は目的と目標。

「目的」とは、読んで字のごとし、目指す的のことです。あなたがどういうふうになりたいか。こうなりたいという最終的な状態が目的です。

目的を設定する時には、「お金持ちになりたい」「人から尊敬される人物になりたい」といった漠然としたことから一歩踏み込んで、「年間２０００万円稼ぐ人になりたい」「事業を起こして社長になりたい」というように、より具体的なことを設定しましょう。あまりにも曖昧な内容では、的として機能しません。

目的には理由が存在する。

なぜ、年間２０００万円稼ぎたいのか？ それは、もっといい家に住みたいからかもしれないし、好きな時に旅に出られるような生活がしたい人もいるでしょう。社長になりたい理由は実現したい仕事があるからだし、人に雇われたくないという理由もあるかもしれません。「〜のため」に○○が必要。○○を得ることが目的になります。

「目的」と「目標」の違いとは？

「目標」とは、目的へ向かうための道標、道に迷わないようにするためのマイルストーン（一里塚）です。「〜における状態」で考えます。

たとえば富士山の山頂に辿り着いて雲海を拝みたいという目的を達成するのに、今、自分は５合目にいる、７合目まで登ってきた、もうすぐ山頂にたどり着けるからもう一踏ん張りだと、目的まであとどれくらい距離があるのかを確認するためのフラッグということです。

目的がないまま行動するのは、どこへ向かって登るかを決めずに闇雲に山登りをするようなもの。それでは無駄な動きをして疲れるばかりです。

まずは「目的」と「目標」の違い。

これをしっかりと理解しましょう。

「目的」と「目標」の違いを理解する

HINT 21
CHAPTER 2
ゴールから逆算して考える

逆算で考える

POINT

- 一歩一歩達成したかが分かる **定量的** なものにすること
- ゴール、目標ともに **期限** を決める
- 達成可能なものになるまで **分解** していくこと

要素を一つずつ
積み上げていけば
気づいた時には
最終的なあるべき姿に
たどり着く

「ゴール」から逆算する

GOAL

達成するために必要な要素は？

A

Aを達成するために
必要な要素は？

B

Bを達成するために
必要な要素は？

C

Cを達成するために
必要な要素は？

D

Dを達成するために
必要な要素は？

E

ゴールへの道しるべとして目標を定める。

目的（ゴール）がしっかりと定まれば、自ずと目的を達成するためには何が必要なのか、今、自分には何が足りないのかが見えてきます。目的＝「〜のため」に足りないものを補って、必要なものを一つひとつ手に入れていくために、その道筋において、目標＝「〜における状態」を定めましょう。

 ### 目標は数字にする。

漠然としたイメージではなく、一歩一歩、達成したかどうかがはっきりわかるように定量的であるということが重要なのです。

 ### 目的（ゴール）から計画する。

ゴールに必要なものが要素Aだとします。要素Aに必要なものは要素B、要素Bに必要なものは要素C…というように、分解して考えます。分解して、より簡単な要素の集合体にするのです。簡単な要素であればクリアすることもそれほど難しくありません。

このようにして、ゴールに必要な要素をいくつも積み上げていけば、少しずつゴールに近づき、気がついた時には最終的なあるべき姿に達しているはずです。

 ### 期限をしっかり決める。

ゴールを達成する期限、途中の目標にたどり着く期限もしっかりと決めましょう。

「いつまでに〜の状態になる」と決めると、意外と時間が足りないことにも気がつくことができます。ダラダラしたり、無駄なことに時間を取られたりしないよう気を引き締めるためにも、目的（ゴール）を設定し、そこから逆算して考えて行動していくことはとても大切なことです。

憧れの人をイメージして行動する

自分の未来像を描くには？

「自分で自分の未来像を描け」と言われても、どうやって描いていいかわからないという人もいるでしょう。あまり難しく考える必要はありません。

憧れの人を見つける。

あなたが今、具体的な目的が定まっていなかったり、未来について思い描くことができなかったりするのなら、まずは、憧れの人を見つけましょう。

「あの人、カッコいい！」「将来、あの人のような暮らしをしたい」
そう思って羨望の眼差しで見つめてしまう人、周りにいませんか？

芸能人でも、映画スターでも、ノーベル賞受賞者でもいいのです。大好きな女優さんと付き合っているあの実業家だって、ユーチューバーだっていいと思います。アニメの中の登場人物だって、二次元には実在していない人だってありですよ。

大事なのは鮮明にイメージすること。

イメージがなかなか思い浮かばないなら、すでにあるイメージの力を借りましょう。憧れの人が見つかれば、その人の発言、行動、格好から真似していけばいいのです。

あの人だったらどうするだろう？

何か行動に移す時、そう考えてみましょう。何か決断を下す時には、「あの人だったらどう思考するだろうか」と想像してみたことを、判断基準にしてみる。

そうやって具体的に憧れる人のことをイメージして行動するだけで、あなたはどんどんその人に近づいていきます。自分が変わっていくのを感じましょう。その中から徐々に、自分のなりたい姿が見えてくるはずです。

憧れの人をイメージして行動する

HINT 23
CHAPTER 2
まずは仮の目的を設定する

仮でもいいからまずはつくってみる。

仮設定なし

迷いの森

ただひたすら
さまようだけ

⇩

結局は…

ダラダラした
日々に戻ってしまう

仮設定あり

正しい ◎
⇧
仮目的
⇩
間違い ✗

トライ＆エラー
やり直せばOK！

いろんな体験をする
「これが好き」
「これが気になる」

⇩

仮の目的 としてみる

⇩

未来の自分のイメージに役立つ

仮設定でもいい。

　憧れの人を見つけて、真似をするところから始めたら、次は、自分自身の「目的」を仮でもいいのでつくってみましょう。「仮設定」がなかったら、ただひたすら迷いの森を彷徨うだけになってしまいます。結局どう動いていいかわからず、ダラダラした日々に舞い戻ってしまうでしょう。「仮設定」があれば、たとえ本来目指すべきものと違っていたとしても、そこから学びを得て、設定をやり直すことができます。

目的はいくらでも変更していいもの。

　自分が成長していけば、やりたいことも目指すものもどんどん変化し、さらに高い目的が生まれてきます。何か違うと思えば、別の目的を設定してもいいのです。変えたからといって「自分はダメな奴だ」と卑下する必要は全くありません。

　何事も「トライ&エラー」の繰り返しで実現していくものです。あなたのキャンバスはあなただけのものですから、いくらでも、何度でも描き直せばいいのです。

どんな体験も役に立つ。

　仮の未来図をつくるためには、興味があることをどんどん体験してみてください。いろんな人の話を聞きましょう。本も片っ端から読んでみましょう。観たいものがあれば観る。漫画だって、アニメだって、ゲームだって大丈夫。学んでみたいセミナーや講演会があれば出向くもよし、面白そうな人がいたら話を聞いてみる。

　どんな体験も、あなたが未来の自分をイメージするのに必ず役に立ちます。

「好きだ」と感じたら動く。

　「自分はこれが好きだ」「これが気になる」と感じたら、まずは仮の目的として設定してしまいます。そこから始めましょう。きっとまた、思ってもみなかったイメージが、あなたの中に湧き起こってきますよ。

HINT 24 CHAPTER 2

ワクワクできるかどうかを判断基準にする

あなたがワクワクしないと誰もワクワクしない

自分でも **ワクワク** しながら 人も **ワクワク** させる人になろう。

自分の未来（目的・目標）を考える時、

何か高尚なものじゃないといけないんじゃないかと、やたらと小難しく考える人がいます。そんな必要は全くありません。

最初は、どんな目的・目標でもいいのです。

今、一流の俳優やミュージシャンになっている男性が、「きっかけは、女性にモテたかった」と答えているシーンをよく見ませんか？ 動機が不純？！ だっていいのです。

どんな目的でも、それをクリアしていく中で、どんどん考えも変わっていきます。自分の実力が変わっていくと目的や目標が変わっていくので、未来像も変化していきます。

一番大事なことは、あなたが「一番ワクワクしている」かどうかです。

ユーチューバーという職業がなぜ小学生に大人気なのか？

それはワクワクして動画をつくっている感じが伝わるからです。本当はその笑顔の陰で、大変な時間と労力を費やしているはずですが、そもそも自分がワクワクしていなければ、毎日毎日、動画をアップし続けるなんてできるものではありません。

ユーチューバーに限らず、陰の苦労を見せずに心から楽しんでいる人、自分でもワクワクしながら人をワクワクさせてくれる人が、人の心を惹きつけるのです。

あなたがワクワクしなくては、

誰があなたの人生にワクワクするのでしょう？

自分の心に正直になって、ワクワクするかどうかで、いろんなことを決めてください。

手に入れたい未来像を思い込む

プラシーボ効果 思い込みの力

脳に錯覚させて、本当のことにさせてしまう効果

「なりたいもの」「手に入れたいもの」を
どんどん脳に覚え込ませよう！！

なんて楽しい未来なんだ！！

「プラシーボ効果」を知っていますか？

別名、偽薬効果とも呼ばれています。薬としては特に効果はない成分の偽薬を飲まされた患者さんは、それが症状を緩和してくれる薬と聞かされていると、飲み続けることで病気が快方へ向かうということがあるのです。それがプラシーボ効果です。メカニズムは完全には解明されていないそうですが、そういった例はよくあるそうです。

じつはこの話には続きがあります。

アメリカのコロラド大学の研究チームが行った実験によると、患者さんはその薬が偽薬と聞かされた後でも、その薬を飲み続けることで、引き続き症状を緩和する効果が持続したというのです。

研究チームは54名の被験者の腕に、火傷まではいかないが痛みを感じる熱を加え、同時に鎮痛剤であると伝えた軟膏を塗りました。じつはただのワセリンです。その後、加熱を止め、被験者にその薬が効いているかのように錯覚をさせます。実験を4回ほど繰り返すと、被験者は偽薬だと明かした後も、効果を感じることができたそうです。

これはまさに、脳が勝手に、

偽薬から鎮痛効果を得ることを学習したということです。

たとえ思い込みであっても、脳が効果があると信じることで、本当に効果が得られてしまうわけです。プラシーボ効果は絶大なのです。

なんてラッキーな話でしょう。

こんなにすごいプラシーボ効果を、最大限に生かさない手はないですよね。

あなたがなりたい姿、得たいもの、手に入れたい未来像を、大いに脳に覚えこませましょう。どんどん脳に錯覚させて、それを本当のこと、現実にしてしまいましょう。

HINT 26 CHAPTER 2 「目的」のレベルを上げていく

目的と手段の関係性

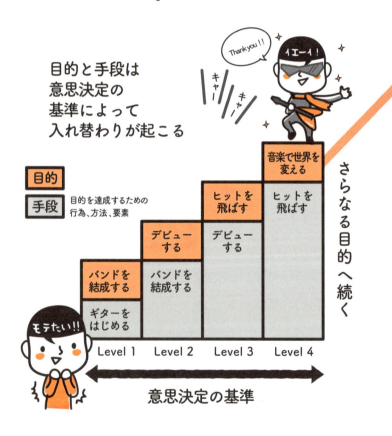

あなたが未来に向かって成長すればするほど、

今掲げている「目的」は、次の「目的」の一部になっていきます。あなたは日に日に成長を遂げ大きくなっていく、そしてあなたの未来も、どんどん膨らんでいくわけです。

「目的」と「手段」で紐解いてみましょう。
「手段」は、「目的」を達成するための行動、方法、要素です。

「テストで良い点を取る」という目的のために、

あなたが勉強に励んだとします。そして、「テストで良い点を取る」という目的が叶ったら、今度はそれは、「希望の大学に入る」という目的のための手段となります。その目的も叶ったら、次はその要素によって、「就きたい職業に就く」というまた次の目的を達成させることができます。

こうしてあなたの「目的」は、

意思決定の基準のレベルがどんどん上がっていくに連れて、次の目的のための「手段」へと入れ替わり、さらにあなたは高い目的に向かって成長していくことができるのです。

目的はどんどん変わっていくもの。

その変化が、あなたの成長の促進剤となります。
変わっていくことを楽しんでいきましょう。

夢を
ビジュアル化して貼る

毎日眺めて**ワクワク**するものにしよう！

あなたが、もっともワクワクすることを見つけて、

　憧れの人を設定し、将来どんな風になりたいか、どんな状態を目指すのか、あなたの人生の現時点での未来図を描けたら、次にするべきことは、それを「ビジュアル化する」ということです。

　どんなにあなたの頭の中で、あれもこれもと未来に対する夢や目標、なりたい自分の想像が膨らんでいても、言葉にできていなければ、それはすぐに忘れ去られてしまいます。達成したい目的は、何度も何度も繰り返し言葉にして、脳に浴びせ続けて、あなたの体に落とし込んでいかなければなりません。

口に出すことは大切ですが、

　それよりももっと効果的で簡単で、何より楽しい作業。それがあなたの夢をビジュアル化することなのです。

　脳には、「実際の体験」と「鮮明なイメージ」を区別できない。という大きな特徴があります。

鮮明にイメージができると、

　人は自然に「体」が動き出します。ビジュアル化することで、あなたが達成したいワクワクする未来像を、あなたの「脳」に本当のことだと思わせるのです。積極的に脳を騙してみようではありませんか。

　その時に用意するのは、写真や雑誌の切り抜きなど。あなたのイメージが膨らむものならなんでもいいのです。切り貼りして、いつでも目に飛び込んでくる位置に貼ってください。自分で漫画にしたりイラストを描いてもいいですね。

毎日眺めていてワクワクするようなものにしましょう。

　そしてその内容は、あなたの成長に合わせてどんどん変化させていきましょう。

周りの人と夢をシェアし合う

自分の未来をシェアしてみよう。

**自分の描いた未来を人に話すことで
まわりの人を巻きこんでいく**

あなたが、自分の未来（目的・目標）を見つけて、

それをビジュアル化することができたら、次は友達とシェアをしましょう。

妄想でもいいのです。恥ずかしがらずに「こうしたい」「あんなふうになりたい」「あれもいいな」「こんな感じも好き」と自由気ままに口に出して語り合い、周りの人と夢をどんどん伝え合いましょう。

 ## シェアすることで、

新しい情報や思いがけない話が舞い込んできたりもします。応援してくれる人が現れたり、しかるべき人とつながったり。あなたが夢を口に出して動き出すと、周りも動き出します。自分の描いた未来を人に話すことで、すでにもうあなたは人を巻き込んでいるのです。

 ## ただし注意すべきことがあります。

それは、シェアする相手を選ぶということです。

ポジティブな志向を持って、一緒にお互いの夢を応援し合える人にシェアしましょう。あなたの夢を応援してくれる。あなたも、彼の彼女の夢を応援してあげたいと思える、あなたはそういう仲間を増やしていくべきです。

それもただ単に、「ああ、いいね」「それもありじゃない」と表面的に、言葉だけポジティブにお互いを認め合うのではなく、本当に心の底からお互いの夢を応援し合える人を選びましょう。

 ## お互いに"夢の実現"を共有し、

未来を開くために切磋琢磨し合う仲間を増やすこと。それがとても大事です。

応援してくれる「本当の仲間をつくる」

夢を語りあい、夢に向かってお互い切磋琢磨しあえる仲間をつくろう!!

ドリームキラー登場。

あなたが思い描いた未来を周りに語り始めると、必ず「ドリームキラー」が現れます。「そんなの、ムリだよ」「夢ばかり見ないで現実を見なよ」「やめとけやめとけ」と、あなたの壮大な夢を否定する人です。

厄介なのは、善意から、もっともらしくできない理由をあなたにアドバイスしてくる人もいるということ。

そんな「ドリームキラー」を周りに置いてはいけません。

ネガティブな言葉を発する人の話に耳を傾け影響を受けてしまうと、せっかくの"プラシーボ効果"も消えてなくなってしまいます。夢に向かって自分が描いた未来図、脳が思い込み始めていたあなたの輝く未来像が、人のネガティブワードでパーになってしまうなんて、そんなもったいない話はないですよね。

本当の仲間とは、

あなたの夢を否定するのではなく、あなたが夢に向かって進むべき道を間違っている時、迷ったり行き詰まったり苦しんでいる時、あなたが悪魔の自分に身売りしそうになっている時に、「今、そうなっていない？」「それは違うと思うよ」と客観的な視点を持たせてくれる人、過ちに気づかせてくれる人です。

"実現させようとしている未来"を共有しているからこそ出てくる厳しい言葉、それをあなたに放ってくれる人こそが、本当の仲間と呼べるのです。

あなたの人生はあなたのもの。

そして、仲間と一緒に高めていくものです。さぁ、頭の中に描いたことを、言葉にして、ビジュアル化して目に見えるものにし、人とシェアをしましょう。その行動が未来を引き寄せることになります。そして、もちろんあなたも、友達が夢を叶えていくことを応援してあげましょう。一緒に夢を語り合い、切磋琢磨し合える本当の仲間がいるということは、あなたがあなたの未来を輝かせるための、最短で最速、そして最強のパワーとなります。

あなたの夢

- どんな自分になりたい！
- あなたの未来は？
- どんなことにワクワクする？
- あなたの目的は？
- いつまでにやる？
- 憧れの人は？
- あなたにとって本当の仲間はだれ？

HINT 30
CHAPTER 3
ラクに流れる自分を見つめ直す

人間はそもそも怠け者です。

ほとんどの人の人生は、図にあるようなあきらめ太君のような人生だと思います。
・その時起きたことになんとなーく流されている。
・他人のせいにばかりして、いつまでたっても自分で決められない。

あなたはどうですか？

そんな日々を送ったりしていませんか？
でもそれは、あなただけではないのです。ほとんどの人は、そんな毎日を送っているんだと思います。

人間はこんな動物です。
① 楽（ラク）したがる
② 忘れる
③ 飽きる
④ 快楽・安心を求める
⑤ 痛み・苦しみを避ける

「やる気が出ない」のはあなたが人間だから。

まずはそういうものと受け入れましょう。あなただけではないから安心してください。要は、しっかりと人間の特性を理解しておくことが大切なのです。

そして対策を練ればいい。

そこから、「だったらどうすればいいだろう？」と対策を練る。
自分が実践できる、怠け者にならないための対策をしっかりと考えて、日々、ラクに流れる自分の特性を心に留めて、行動していきましょう。

HINT 31 CHAPTER 3
動けない自分を動かす

ダチョウの平和

ダチョウは 身に危険が迫ると
穴に頭を突っ込んで
現実逃避をする習性がある

何も見えない
聞こえない

今日も
平和だなぁ

現実逃避しても、何の解決にもならない

「ダチョウの平和」ってなあに？

こんな言葉、あまり聞いたことありませんよね。一体なんの話でしょうか？ ダチョウには、身に危険が迫ると穴の中に頭を突っ込んで、現実を見ないようにする特徴があると言われているそうです。

英語ではこんなことわざがある。

「follow an ostrich policy（ダチョウの考えに従う）」
「Hiding his head like an ostrich（ダチョウのように頭を隠す）」などです。

ちょっと不名誉でダチョウにはかわいそうですが、ダチョウ（ostrich/ オーストリッチ）という言葉は、現実逃避するといったネガティブな意味で使われることもあるようです。

現実逃避をしても解決しない。

でも、見ないふりをして現実逃避をしても、なんの解決にもならないことは、ここまで読み進めてきてくれたあなたなら、もうおわかりですよね。

"ダチョウ"と後ろ指をさされないように

これからあなたがどのようにすれば、重い腰を上げて行動できるようになるのか、この章では、動けないあなたがどのようにしたら動けるようになるのか？ そのヒントをお伝えしていきます。

HINT 32
CHAPTER 3
成功を阻む「5なし」くんを撃退する

あなたの成功を阻む5つの「なし」。

① 自覚なし

「人生を成功させるのは自分の行動次第」という「自覚」がなければ、あなたはラクな方へ流されて、自らは行動できないでしょう。

② 関心なし

自分や周りの友人、家族、仕事仲間、今、周りで起きていること、未来のために必要なこと、全てのことに「関心」がなければ、あなたは、周りから良い影響を受けることができません。誰かの役に立つこともなければ、誰かからサポートを受けることもないでしょう。

③ 知識なし

どうしたら目の前にある課題を解決できるのか、様々な問題は、「知識」を得ることで解決の糸口を見つけられます。そのためには、本や人の話、これまでの経験、あらゆることから学び続けること。その知識が、人生の節々であなたを助けてくれます。

④ 行動なし

最も重要なのは「行動」すること。頭の中であれこれ考えていても、行動しなければ成果は得られません。何も考えていないのと結局は同じです。行動こそが、あなたの人生を変えてくれるのです。

⑤ 責任なし

最後に、あなたの、さらには周りの人の人生をより良くするのは、全てあなたの責任です。責任感がなければ、人はつらいこと、面倒なこと、大切だけれどもやりたくないことをすぐに投げ出してしまうものです。それでは何も変わりません。

 これらを全て「アリ」にできればあなたは必ず成功できるでしょう。

HINT 33 CHAPTER 3 | 「心のブレーキ」を自覚する

あなたを阻む「心のブレーキ」

あなたの、すぐにやるという行動力を削いでいる存在、「心のブレーキ」について考えてみましょう。

 ## つい口にしていませんか？

「失敗したくない」「恥をかきたくない」「面倒くさい」
「私なんかどうせ……」「もうあきらめた」「どうでもいいや」
言葉として発しないまでも、心の中で呟いたりしていませんか？

 ## 自分のブレーキを認識する。

このような気持ちは誰にでもあるもの。そう思ってしまうこと自体は仕方のないことです。

ここで大切なのは、このような、自分で自分の行動を止めている「心のブレーキ」の存在を、しっかりと認識するということです。客観的に自分の心を見つめ、「あ、自分は今、心のブレーキをかけてしまった」と自覚してください。これだけでも大きな進歩です。

 ## あとはブレーキを外すだけ。

思い切ってえいやっと、アクセルを踏み込みましょう。まずは一歩から。走り出したら"慣性の法則"（動き出した物体は、外部から力を加えなければそのまま動き続ける）が働き、クルマ（あなたの行動）は走り続けてくれます。そこから徐々にスピードを調整していけばいいのです。

HINT 34 / CHAPTER 3
世は「早く動いた者勝ち」を認識する

危機感は武器になる

人間は危機が迫らないと動き出さない。

自ら危機感をもとう

あなたが今、火のついた鉄板の上にいたら、

あなたはその場にじっと立っていられますか？ 逃げ出したりしないでしょうか？ まさか、ボーッとそのまま突っ立っているなんていうことはしませんよね。そんなことをしていたら、大火傷を負ってしまいます。

危機が迫らないと動き出せない。

人は差し迫る危機がないと、「これではまずい」と本気で思わないと、なかなか動き出せないものです。今のままでも心地いいので、「ま、いいや」と新たな行動を起こしにくいのです。

しかし、そのまま「ぬるま湯」に浸かったままでは、時間は無駄にどんどん過ぎていくばかりです。

夏休みの宿題を思い出してみて。

8月末日になって、ようやく宿題に取りかかったなんていう話は、よく聞きますよね。あなたにも、慌てて日記を数週間分まとめて書いたなんていう思い出があるのではありませんか？

今やらなくても死ぬわけではないし。

とのんびり構えているのは、時間が無限にあるように錯覚しているから。それは、今、私たちが生きている時代が平和だからということもあるのでしょう。

あっという間に寿命は尽きてしまいますよ。

人は皆、怠け者で、ついつい物事を先延ばしにしてしまうもの。そういう自分を客観的に見つめ、自ら危機感を持ち、気持ちを奮い立たせないと、あなたの人生はそのままダラダラと過ぎていき、あっという間に寿命が尽きてしまうことでしょう。

世は「早く動いた者勝ち」を認識する

「命のバケツ」に早く気づくこと

水が満タンに入ったコップがあります。

その日中に水を飲み干さなければ、深夜0時には空になってしまいますが、次の朝には、新しい水が目一杯汲まれる不思議なコップです。こんな便利なコップをあなたが持っているとしたら、ついつい水を無駄にしてしまいそうではないですか？ 少しくらいこぼしたって、また明日になれば水は入っているから、ま、いいかと。

 ## このコップ1杯の水はあなたの"時間"です。

すべての人間に唯一平等に与えられているもの、それは"時間"です。「時間銀行」の話を聞いたことがある人もいるでしょう。毎朝、あなたの口座に86,400円（86,400秒）が振り込まれる銀行の話です。ただし、その日のうちに使い切れなかったら、そのお金（時間）はすべて消えてしまいます。この水も同じです。

 ## このコップ1杯の水（時間）はどこから？

それは、あなたが人生で使えるすべての時間（バケツ1杯の水）から汲んで来ているだけなのです。毎日毎日コップに新しい水が満たされるたびに、あなたの貴重な水（時間）は、少しずつ少しずつ気がつかないうちに減っていっているというわけです。

 ## 大元のバケツが突然壊されたら？

すべての水が流れ出てしまう事態を想像してみてください。平和な日本で暮らしていると、明日また新しいコップ1杯の水が飲めることを当たり前のように信じてしまいますが、バケツはいつ何時壊れてもおかしくありません。突然の災害や事故などの悪夢は、誰にでも起こり得ることです。世界中を見渡せば、死と隣り合わせで日々を暮らしている人たちも大勢います。

 ## 目の前にあるコップ1杯の水を大切にしたくないですか？

「命のバケツ」に早く気づくこと

HINT 36
CHAPTER 3

すぐに行動を起こさないと間に合わない

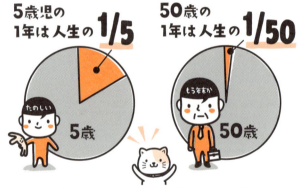

ジャネーの法則

1年間の長さの感じ方

5歳児の1年は人生の **1/5**

50歳の1年は人生の **1/50**

生きてきた年数が長くなるほど1年間は早く感じる

あなたの命のバケツ

あとどのくらい残ってる?

788,400時間 = 【人生90年として】24時間 × 365日 × 90年

「命のバケツ」には限りがあることを忘れずに!!

「ジャネーの法則」。

19世紀のフランスの哲学者ポール・ジャネが見つけた、人生の時間に対する感覚の法則を「ジャネーの法則」と言います。

大人になればなるほど、時間が経つのが早く感じるのはなぜか？ それを説明する法則です。

 ### 1年の長さの感じ方。

50歳の人間にとって1年という年月は、人生の50分の1の長さですが、5歳の人間にとっては、それは人生の5分の1の長さ。生きてきた年数が長くなるほど、1年間の相対的な長さがどんどん短くなっていく。だから時間も早く感じるというわけです。

 ### 少しずつだから気がつかない。

人生が90年だとして、24時間×365日×90年＝788,400時間になります。788,400分の1だと換算すると、1時間なんて本当に微々たるものです。減っているのは少しずつなので、なかなか気がつけず大事なものとして考えられないのでしょう。なので、私たちはつい時間は無限にあるように感じて、日々をダラダラと過ごしてしまいがちです。それが人間というものだからです。

 ### 限りある「命のバケツ」。

生きるということは、あなたが持っている「命のバケツ」から毎日毎時間毎分毎秒、水を汲み続けるということ。限られた水は毎日、毎時間、毎分、毎秒減り続けています。

「命のバケツ」の存在に気がついたら、すぐにでも行動を起こそうと思いませんか？ 毎日、毎時間、毎分、毎秒を大切にしようと思いますよね。

すぐに行動を起こさないと間に合わない

HINT 37 | 必ず期限を決める
CHAPTER 3

期限がないと、いつまでも終わらない。
パーキンソンの法則

納期や期限を決めないと人は時間もお金も限界まで使い尽くしてしまう

集中すれば午前中で終わる仕事
＝
「○時迄に」と決めなければ1日使ってしまう
＝
他に出来たはずの仕事が出来なくなる

まず、期限を決める!!
★見込よりも少し早めに設定する

パーキンソンの法則というものがあります。

イギリスの政治学者パーキンソンが提唱した法則で、「仕事の量やお金の支出は、与えられた時間や収入のMAX金額まで膨張する」というもの。簡単に意訳してしまうと、「納期や期限を決めないと、人は時間もお金も限度まで使い尽くしてしまう」ということです。

期限がないといつまでも終わらない。

人はつい、今やりたいことだけをやってしまったり、集中すれば30分で終わらせられることに3時間もかけてしまったりします。

そして、無駄なことに時間を費やしていること、必要のないことにお金を使っていることに気づかずに、すぐ「忙しい、忙しい」「お金がない」といった口癖ばかりを放つ人になっていきます。

まず期限を決める。

だからまず、どんなことでも期限を決めることが大事なのです。「期限」とは、書いて字のごとく期日の限界。期限を決めると、自ずとそこまでに終わらせなければ、という意識が生まれます。

そして期限は、これくらいでできるだろうという見込みよりも、少し早めに設定します。何事も余裕を持って、です。

夏休みの宿題の期限。

夏休みの宿題を、休みが終わる最後の3日間くらいで一気にやったという人も多いでしょう。ということは、集中すれば宿題は3日間で終わらせられるということ。「夏休み最初の1週間で終わらせる」と自分で期限を決めて実行すれば、気になることは長い休みの早い段階でとっとと終わらせて、あとは思う存分、本当にやりたいことに時間を使うことができます。

あなたが、自分がなりたい姿を思い描いたら、まずはそこに達成したい日付をしっかり書き込みましょう。それも思うより少し早めにね。

HINT 38
CHAPTER 3

シンプルな「3つのやる」

意外と時間はない。

それがわかれば、もう「すぐにやる」しかありません。
すぐに行動を起こして、人生を変えるために大切なこと。
それは「3つのやる」です。

① すぐやる
② 必ずやる
③ できるまでやる

逆のことをしたらどうか?

あとでやる　VS　すぐやる

先延ばしをしていいことはありません。タイミングを逸してせっかくのチャンスを逃すこともあります。「あの時……」と後悔しないためにも、すぐに行動するべきです。

できたらやる　VS　必ずやる

「条件が揃ったらやろう」と思っていても、そもそも条件が全て揃うなんていうことは、おそらくないでしょう。動き出すことで、条件は後から整っていくものです。

あきらめる　VS　できるまでやる

新しいことに取り組む時には失敗はつきもの。最初からうまくいくことは滅多にありません。だからこそ、挑戦する価値があります。最初の壁であきらめてしまったら、成功は決して得られません。

「私は失敗はしていない。光らない発見をしただけだ」

これは電球の発明をしたエジソンの名言です。
まさに、やってみなくてはわからないので、とにかく「やる」。それだけが成功につながる道です。大切なことはとてもシンプルなことなのです。

HINT 39
CHAPTER 3
気が進まないことから取りかかる

スケジューリングのコツ

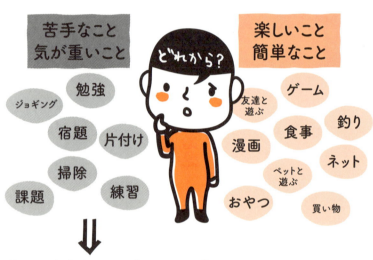

先にこちらをスケジューリング

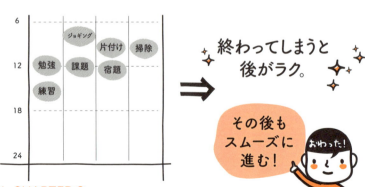

第3章 動けないあなたへ

 ## そうは言っても人間は怠け者です。

「3つのやる」を提唱されても、なかなか行動に移せないですよね。

 ## 楽しいことは勝手に動ける。

楽しいこと、気持ちのいいこと、簡単なことは、人は黙っていても取りかかれます。深く考えなくても体が勝手に動き出します。ですから、あなたの心と体に任せてしまえばいいのです。

 ## スケジューリングのコツ。

それは、あえて少し抵抗があることから最初に取りかかるということ。自分が好きなこと、やりやすいこと、楽しそうなことから始めてはいけません。まずは、最も気が重いこと、難しそうなこと、気が進まないことから先に、スケジューリングをしてしまうのです。

 ## 先に済ますとあとがラクになる。

気持ち的に少し先延ばししたくなるようなことから先に進めて、それがクリアできると、自信がつき、気持ちがラクになり、その後のスケジュールもスムーズに進みます。

 ## 今日という日は、残りの人生の最初の1日。

人生全体におけるスケジューリングを、常に意識しましょう。

気が進まないことから取りかかる

「優先順位」をつけて自分を動かす

まず取りかかるべきは「本当に必要な事」

夏休みの宿題を終わらせる！

本当に必要な事
夏休みの宿題

やりたい事
机の上の整理
お菓子を食べる
ゲームをする

できる事
教科書をひらく

優先順位が正しい人
① 本当に必要な事
② できる事
③ やりたい事

＋
すべてクリアしたので
2学期の予習

優先順位間違っている人
① やりたい事
② できる事
③ 本当に必要な事

やりたいことに時間を割いて本当に必要な事が終わらない

「本当に必要な事」からやるから、なりたい未来に近づける！

「あなたはなぜいつも忙しいのか?」

理由は簡単です。それは、優先順位が間違っているからです。
こんな行動パターンはありませんか?
- やりたいことからやる
- できることだけやる
- 本当に必要なことを後回しにする

 ## やるべき仕事があるのに、

ついついゲームをしたり、遊びに出かけたり。でも、頭の片隅で「あれをやっていないな。やらないといけないなぁ」という思いがくすぶっている間は、ゲームも遊びも、心から楽しむことはできません。結局、中途半端になってしまいます。もったいないですよね。

 ## 「ウィルパワー」の無駄遣い。

最近の脳の研究でわかってきたことがあります。「あれもやらなくては。これがまだだった」という思いが残っていると、人は、物事に100%エネルギーを割けなくなります。「ウィルパワー」が無駄に消費されてしまうのです。

ウィルパワーとは、「目標を成し遂げるために脳が集中力を生み出す力=意志力」のこと。ウィルパワーは、些細なことでもどんどん消費されていくものなのです。

 ## まず取りかかるべきなのは、本当に必要なこと。

やりたいことでもなく、できることでもなく、それは、あなたが描いた未来=ビジョンに向かって一歩進むために、今、あなたがやるべきことです。それが何かは、あなたが一番わかっているはず。

時間がなくなってきた。もう遅い。ではなくて、時間は有限だからこそ、ウィルパワーを余計なことで消費してしまう前に、今すぐに取りかかりましょう!

HINT 41 CHAPTER 3

頭を整理整頓して自分を動かす

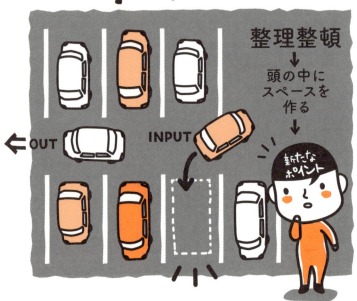

駐車場理論とは？

整理整頓
↓
頭の中にスペースを作る
↓
新たなポイント

INPUT / OUT

まずは身の回り・机の上・カバンの中をキレイに
⇩
効率が上がる
⇩
行動がシンプルに
⇩
頭の中も整ってくる!!

すぐに行動できない要因の一つは、

あなたの頭の中が、うまく整理されていないこともあると思います。人は、物事を勝手に難しく考えているところがあります。そうして、行動を複雑にしているのです。もっとシンプルにすることで、スムーズに動けることがあります。

 ## 街の駐車場を思い出してみて。

きちんと決められたレーンに沿ってクルマが並べられているから、何の問題もなく、様々なクルマが出たり入ったりすることが可能ですよね。これが、皆が無秩序にぐちゃぐちゃに駐車していたら、あっという間に、クルマは動けなくなってしまいます。

 ## あなたの机上や頭の中も同じこと。

きちんと整理整頓されると、机の上にも、部屋の中にも、そして頭の中にもスペースが生まれます。そうすれば、新たなINPUTが可能になります。

 ## 身の回りや机の上、カバンの中をきれいにする。

そこから始めてみてください。無駄がなくなり、効率が上がってきます。すると、行動もシンプルになっていきます。頭の中は、身の回りの環境の影響を受けます。身の回りが整理整頓され、頭の中が整ってくると、もっともっと身軽に動けるようになりますよ。

頭を整理整頓して自分を動かす

宣言して自分を追い込む

宣言してしまおう!!

やらざるを得ない状況をつくってしまう。
人間が持つ
「人前でカッコつけたい気持ち」を
利用しよう。

第3章 動けないあなたへ

 周りに宣言してしまう！

すぐやるために、最後に必要なこと。それは、周りに宣言してしまう！ ということです。

 積極的に口に出す。

「私はこれをやる！」
「いついつまでに完成させる！」
「絶対にこの状態になる！」

口に出して、家族や友人、同僚や上司、周りの人にどんどん伝えてしまうことです。

 自分を追い込む。

口に出したことは、もうやるしかありません。行動せざるを得ない状況に自分を追い込んでしまうのです。
すると、
「口ばっかりと言われたくない」
「約束を守らない人と思われたくない」
「ダメ人間と指をさされたくない」

という気持ちがあなたを奮い立たせてくれるでしょう。

 カッコつけたい気持ちを利用する。

人の目、人を気にする自分の気持ち、人前ではカッコつけたいという、人間が持っている特性をうまく利用してしまいましょう。

宣言して自分を追い込む

HINT 43 CHAPTER 3 | いらない情報、悪い習慣を絶つ

失敗をくり返さないコツ。

うん、「遅刻」って言う概念自分の中から消したから。

遅刻？何それ

フキダシ君 最近、遅刻しないよね

「遅刻」の概念をなくす ＝ 「遅刻しない」という行動を続ける

あなたが「しない」と決めて断つことは何？

ある人の面白い発言。

ある人が、面白いことを言っていました。
「自分がやめたいと思ってることを、私、禁止事項にすることにしたんです。自分が何度も犯してしまう失敗を、概念そのものがないことにしてしまうということです」

あなたがどうしても、朝、会社に遅刻するのは？

それは、「遅刻」という概念が、あなたの中にあるから。遅刻という概念を自分の人生の中には「ない」ことにしてしまえば、遅刻自体がなくなると彼は言います。「私の人生の辞書に遅刻はない」と、自分にも周りにも宣言してしまうのです。

人間は、言葉に引きずられる傾向がある。

日本語には「肩こり」という言葉があり、自分は肩こりだと思っている人は非常に多い。でも、英語には「肩こり」という単語がなく、英語圏では肩こりを訴える人も少ないそうです。よく言われる「モチベーション」という言葉も、口にされるようになってから気にされるようになりましたよね。モチベーションがあろうがなかろうが、「やるべきことはやる」それでいいんだと思うのですが。

決めて断つ。行動を続ける。

「遅刻をしない」と「決断」する。「遅刻をしない」という行動を続ける。

あなたが「ない」ことにするべき概念、断つべきこと、あなたが目指す目的のためには必要のないこと、いらない情報、悪い習慣…いろいろあるでしょう。

最後に「やり切った！」と満足できる人生は、

こういう心構えと行動から生まれるものだと思います。

いらない情報、悪い習慣を絶つ

パチンコ屋に並ぶ人たちは、すばらしい努力家だった

　あなたも街角で見たことがあると思いますが、朝早くパチンコ屋さんの前を通ると、お店の前に10人も20人も行列をしている人たちを見かけることがあります。並んでいる方々は、一見すると、さえない身だしなみで、無表情な顔をしています。

　しかし、表情とはうらはらに、彼らは内心、早く店の扉が開かないかとワクワクして待っているのです。パチンコで大当たりを出すために前日から体調を整え、まだ暗いうちから誰よりも先に店に来ようと思い、勇んでやってくるのです。

　彼らにとっては、土日も平日も関係ありません。休日出勤も大好きです。出かけるお店の場所も、玉が出ると聞けば、他県でも、どんなに遠くても、多額な交通費をかけてでも出張します。しかも、その交通費も自前です。そして、開店時間にお店の自動扉が開くと、我先にと争うように店内になだれ込み、真剣な眼差しで釘を吟味し、お気に入りのパチンコ台の前に座るのです。

　それからは、〝情熱タイム〟に突入です。全ての神経を集中し、へその穴（玉が入る穴）をねらい、一心不乱に時間を忘れて、〝おシゴト〟に没頭するのです。パチンコを打っている間、頭からはドーパミンなどの脳内物質が大量に放出されています。すると、お腹もすかなくなります。昼飯も夕飯も食べずに、何時間も座りっぱなし、打ちっぱなしの状態が続きます。

パチプロこそ、企業が欲しい人材かもしれない!?

　彼らがすばらしいのは、勉強熱心なことです。事前に「パチンコ攻略法」の本を何冊も何冊も読み込み、データをインプットし、毎月毎月、少しでも出玉率を高めるための研究をしているということです。そして、深夜までネットで新装オープンの店を調べたり、よく出る店を検索したり、場合によっては、パチンコ仲間の友人知人に話やメールをして、「最近、どの店が調子いいか」の情報収集にも余念がありません。

　あなたは、「パチンコ中毒」と呼ばれるこの人たちを見て、ダメ人間だと思いますか?
　いいえ、むしろ、逆です。すばらしい人だと思いませんか。
　なぜなら、彼らは、〝自分のやりたいおシゴト〟に対して、ここまでストイックに、しかも心をときめかせて、集中して取り組んでいるからです。

もしも、「やる気のスイッチ」を入れ替えたら?

　もちろん、すばらしいとほめるのは、パチンコを生産性のあるビジネスに応用したらの話です。パチンコは娯楽でありギャンブル。結局、最後に勝つのはパチンコ店のオーナーです。どんなにパチンコがうまくても、勝ち続けて「家を建てた」という話は聞いたことがありません。「今日は5万円勝った、10万円勝った」という人の話を聞いていても、それは真実ではありません。人は勝った時の自慢話しかしないので、じつはその10倍、100倍負けているに違いありません。

　ここで伝えたいのは、パチンコをする人間が世間ではダメ人間と思われているという話ではなく、この情熱をビジネスに応用したら、どんな人でもいきなりトップビジネスマンになれるということです。

　考えてもみてください。
　次の日の仕事をするために、前日から準備をして、データを解析し、情報収集し、研究書を読み漁り、土・日曜日でも仕事をしたいと思い、毎朝、会社が開く前から並んでいる社員がいたら、そんな社員がNo.1にならない訳がありません。

　これが、ダメ人間がトップビジネスマンに変わる「パチプロ理論」です。
　もちろん、パチンコは単なるたとえ話です。
　このように、ダメ人間でも、好きなことをしてゴールを持つことによって、誰でも、簡単に一瞬にして、トップビジネスマンにもなれる可能性があるということです。

　つまり、どれだけ好きなことに打ち込めるか、夢中になれるか、目の前の仕事を楽しんでやれるかが大事なのです。楽しむことで、そして目標を持つことで、やる気が湧き、持続力が高まり、生産性を上げることができるというわけです。

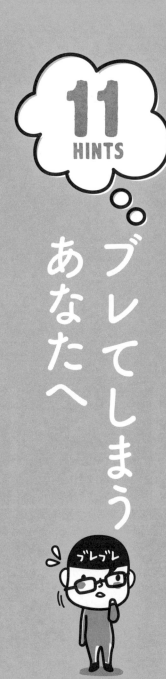

HINT 44 鳥になって自分を客観的に見つめる

CHAPTER 4

自分や周囲が見える

遠くの未来を見ている

気づいていない領域

気づいている領域

気づいていない領域

自分だけが不幸だと思っている

メタ認知能力が高まる ニ 問題解決能力が高まる

鳥になって客観的に見つめてみよう！

ブレないために重要なのは「メタ認知」。

自分自身を客観的に見ることで、「鳥瞰視」とも言えるものです。「メタ」とは「高次の」という意味。「鳥のように一段高い位置から、客観的に自分や周りの人の状況を認知する」ということです。

客観的な視点がないと、物事を正しく判断できない。

自分の周りしか見えていないと、「自分だけが不幸なのだ」あるいは「自分は幸福だなぁ」と思い込んでしまい、現実を見誤る可能性があります。"井の中の蛙"と同じで、迫り来る危機にも気がつけず、手遅れになってしまう可能性もあるのです。

高いビルに登ると、

そこから見える景色は、ずいぶん違って見えます。遠くの山々に視点を置き、米粒にしか見えない人間たちを見下ろしているうちに、自分の悩みや考えている範囲のちっぽけさに気づき、新たな視点を得ることができるでしょう。

人生も同じ。視点を高く持ち、遠くの未来まで客観的に見つめる行為は、ブレない自分、思い通りの未来をつくるために重要です。

よりよい人生を送ろうと思うなら、

仕事に限らず、生活のあらゆるシーンで、「メタ認知能力」を意識して高めるようにしてください。この力を高めることができれば、物事を大きくも小さくも捉えずに客観的に見て、あらゆる状況に対して冷静な判断をくだせるようになります。

結果的に問題解決能力も高まります。

すると、目的を達成するために今、最優先するべきことは何か、問題点は何かを認識する力が高まり、結果的に問題を解決する能力もついてくるのです。

鳥になって自分を客観的に見つめる

甘えや誘惑を遠ざける戦いを挑む

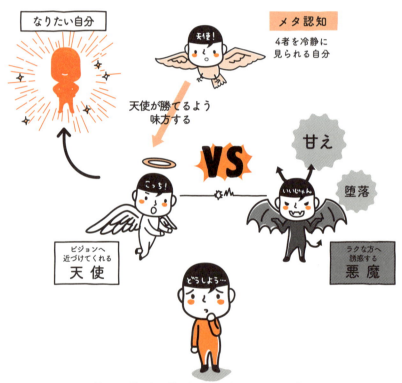

「メタ認知能力」があなたを助ける

天使を勝たせて「なりたい自分」へ近づこう。

誰の中にも「天使の自分」と「悪魔の自分」がいる。

「天使の自分」とは、あなたのビジョン「なりたい自分」へ近づけるように導いてくれる天使です。「悪魔の自分」とは、あなたをラクな方へ、ラクな方へと誘惑する悪魔です。

ダイエットを決意したはずなのに、

「今日はがんばったから自分にご褒美」と甘いスイーツに手を伸ばし、「明日からダイエットすればいいよね」を毎日繰り返してしまったり、英会話の上達を目標に掲げたものの、「今日は仕事が立て込んでいるから」「頭が回らなくて」と、決めた課題を先送りにしてしまったり…。あなたにも、悪魔の誘惑に負けてしまったことが何度もあるのではないでしょうか。

二つの自分がいつでもせめぎ合っている。

皆、心の中で戦っているのです。そして、この両極端の天使と悪魔がいるせいで、心は揺れ動き、せっかく未来像に近づくための「目標」を決めても、ついフラフラと軸がブレてしまうのです。

「メタ認知能力」があなたを助ける。

なりたい自分という目的、そこに到達するために必要な目標、それと比べて今の自分が足りていないことは何か、つまり現状をしっかりと客観視する「メタ認知能力」は、あなたの中でせめぎ合う天使と悪魔のささやきを、冷静に判断するためにも重要な能力です。

天使を勝たせて、悪魔を遠ざける。

「目的」や「理想」のために、あなたを応援してくれる天使を勝たせるようにして、現実の自分を未来へと導いていく。「甘え」や「堕落」に陥らないように、悪魔の誘惑は遠ざける。悪魔とは何度でも戦いましょう。負けてしまう日があっても、また、理想の自分を強くイメージして、天使の力を借りて戦い続けることです。

甘えや誘惑を遠ざける戦いを挑む

HINT 46
CHAPTER 4
自分に「できない理由」を語らせない

誰もが「できない理由」を語る天才。

言い訳はなぜか必死。
内容はやたらクリエイティヴ。
エネルギーを注いでいる。

- これをやるとあっちの仕事ができなくなって
- 時間がなくてできません
- ○○社からの仕事がなくなりますがいいんですか?
- そもそも自分には向いてません!

自分は正しい!

=

このエネルギーを**とにかくやる**ことに向けてみよう。

まずは、「できない理由」が出はじめたお口をチャック。

「できない理由」を語らせたら、

誰もが天才だと思います。毎日、様々なできない理由をもっともらしく並べ立てては、上司や同僚に呆れられている人もいます。「自分はそういうタイプじゃないんで」「全く時間がなくてムリです」「お金がないからあきらめます」

理路整然と説得力を持って…、

あなたも、できない理由、自分がすぐに取りかからない理由を、つい熱弁してしまったりしていませんか？ できない理由を語る時には、なぜか人はやたらとクリエイティビティに溢れています。環境のせいにしたり、誰かのせいにしたり、ストーリーをいくらでも生み出すことができるのです。面白いですよね。

なおかつそういう時は、

ムキになったり、意地を張ったりしていませんか？ 話している時は熱くなり、終わってみるとどっと疲れていて、自己嫌悪に陥ったりすることも。そんなことを繰り返せば繰り返すほど、やる気がなくなり、体はますます動かなくなったりするものです。非常に危険な能力かもしれません。

できない理由を語るエネルギーで、行動を起こしましょう。

どうせなら、この「できない、やらない」理由を探す大きなエネルギーを、「とにかくやってみる」ことに費やしましょう。それができれば、あなたは百歩も千歩も先に進むことができますよ。

今日、できない理由を並べようとしている自分に気づいたら、まずは一呼吸置いて、口をつぐんでみましょう。そして、黙って行動してみてください。あなたの中で、何かが変わるはずです。

自分に「できない理由」を語らせない

自分をブレさせる悪魔のささやきを撃退する

「自分の可能性をつぶす5つの言葉 5D」

それを認識していますか?
あなたは普段、ついついこんな言葉を口に出していませんか?
「でも……」
「だって……」
「どうせ……」
「だったら」
「だから」

これは、悪魔の自分があなたにささやく言葉です。

「会社をつぶす6ません人」。

こんな人はどこにでもいます。
あなたも、こんなことばかり発言している人になっていませんか?
「できません」
「しりません」
「わかりません」
「きいてません」
「やってません」
「やりたくありません」

これも、悪魔で心が満たされた人が発言する言葉です。

悪魔を倒す!

悪魔の言葉は強いのです。悪魔の誘惑になかなか勝てないのは、天使よりも誘惑の力が強いから。悪魔を倒す! あなたが力を注ぐべきことです。

自分をブレさせる悪魔のささやきを撃退する

マイナス言葉を吐くと夢が逃げていく

CHAPTER 4 / HINT 48

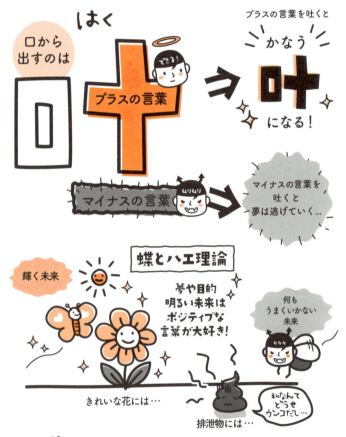

第4章　ブレてしまうあなたへ

「吐く」という字を分解すると、

　□と＋（プラス）と －（マイナス）になりますよね。
　あなたが日々、□から吐き出している言葉は、あなたが考えるよりもずっと大きな影響をあなたに与えています。

＋（プラス）と－（マイナス）どっちを吐き出す？

　吐き出す言葉から－（マイナス）なもの、つまり**HINT47**(112P)でもお伝えした悪魔のささやき、言い訳や愚痴、やる気のない言葉をなくして、＋（プラス）の言葉、要は天使のささやき、ポジティブな言葉だけを残したら、□に＋（プラス）となります。

□に＋（プラス）で「叶う」という文字になる。

　漢字ってうまくできているなぁと思います。
　あなたの未来です。自分のやりたいこと、夢、希望が「叶う」人生にしたいですよね。同じ言葉を発するなら、夢が叶うためのポジティブな言葉、＋（プラス）の言葉を毎日発しましょう。

「蝶とハエ理論」

　夢や目的、輝く未来は、明るくポジティブな言葉や行動が大好きで、ネガティブな言葉や雰囲気を嫌うそうです。きれいな花には、蝶々が吸い寄せられるようにやってきます。一方排泄物には、ハエがたかってきます。なんでも、好きなものに寄ってくるのです。これを「蝶とハエ理論」と呼んでいます。

夢のほうから寄ってきてくれるなんてラッキー。

　"引き寄せの法則"とも言われますが、同じようなことはいたるところで起きています。いつも明るく元気な言葉を発して溌剌（はつらつ）としていたら、夢のほうから寄ってきてくれるなんてラッキーな話です。
　あなたなら、何に寄ってきてもらいたいですか？

マイナス言葉を吐くと夢が逃げていく

未来のイメージを脳にすり込む

常に見える場所に未来の姿を置こう!!

なりたいイメージは具体的に

12月31日までに60kgになる!

だんだん脳はそれが現実だと思い込む
どんどん脳に夢や希望を錯覚させよう!

脳はイメージと現実を区別できない。

HINT27(66P)で、脳はイメージしたことと現実とを区別することができない。強く鮮明にイメージしたことは、現実だと錯覚してくれるという話をしました。

脳に思い込ませるには？

現実と区別できないくらい強いイメージを脳に思い込ませるのに、最も簡単で確実な方法は、言葉や絵にして描いたものを、繰り返し見ることです。

なりたい自分像、「いつまでにこれを叶える」という目標をイラストにして壁に貼ったり、パソコンのデスクトップやスマホのトップ画面に貼り付けたりして、毎日毎日、とにかく四六時中目に入るようにして、脳にインプットするようにしてください。

強くイメージができるようになってくると、

だんだん脳は、それが現実のものだと認識するようになっていきます。そうなったらしめたものです。

あなたが叶えたい未来のあるべき姿を脳に刷り込ませ続けることで、夢を一つずつ叶えていくことができます。

夢や希望を脳に現実と錯覚させましょう。

あなたもどんどん脳に、未来の目指す姿、夢や希望を錯覚させてしまいましょう。これだけのことで、あなたの未来は確実に変わっていくのです。試してみない手はありませんよ。

未来のイメージを脳にすり込む

夜眠る前に おまじないをする

睡眠の直前に記憶した情報は記憶されやすい。

睡眠時間を味方にしてしまおう!!

眠りにつく前の10分間、

あなたはどんなことを考えていますか？

睡眠時間は、人によって個人差がありますが、日本人の平均睡眠時間は7時間22分（2018年OECDデータ）とのことなので、ほぼ7～8時間くらいでしょうか。人生のほぼ1/3を占めている睡眠時間。せっかくならこの時間も有効活用したいですよね。

眠りについている間も脳は活動を続けている。

ノンレム睡眠時には、細胞の新陳代謝や抗老化を即す成長ホルモンを分泌させ、自己治癒力、免疫力を高める働きや脳の老廃物を排出する処理などを行なっているとか。さらにレム睡眠時には、昼間に得たありとあらゆる情報を整理統合したり、必要な記憶を定着させたりという働きをしているそうです。

睡眠の直前に記憶した情報は、

他の情報と混ざりにくく記憶されやすい。また、寝入りばなにイメージしたことは、潜在意識に刷り込まれやすいそうです。眠る前に「今日は一日疲れた。最悪だったなぁ」と思って眠りにつくのと、「今日は一日最高だった！ 明日もがんばろう！」と思って眠るのとでは、起床時の状態はずいぶん違ってくると思います。

睡眠時間を味方にしてしまいましょう。

毎日眠る前にどんなことを想像するか、どんな気持ちで睡眠に入っていくかは、あなたの人生にとってとても重要です。良い「イメージ」と「感情」を持って眠りにつきましょう。朝からポジティブでいられるように、眠る前には、その日あった嫌なことは忘れて、楽しいこと、いいことだけをイメージするようにしてください。

それを繰り返すことで、あなたの人生も良いことでいっぱいになっていきますよ。

夜眠る前におまじないをする

心がブレても初心に立ち返って続ける

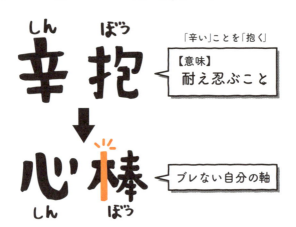

「辛いことを抱く」と書いて辛抱。

目の当たりにしたら、つい逃げ出したくなりますね。辞書を引いても、辛抱とは「耐え忍ぶこと」と書いてあります。「つらい状況がずっと続くのは嫌だな」と腰が引けませんか？

「心棒」と置き換えてみたらどう？

あなたの「心の棒」＝ブレない自分の軸。自分に対する自信のことです。「自分はいつまでにこういう自分になる。そのためにはこういう行動を続ける」という決意、信念を胸に抱き続けながら、日々行動することで、少しずつ太く強くなっていく心の棒です。

つらいことがあってもそこはグッと堪える。

努力を続けることで得られる喜び、それがあなたの自信となり、いつしか心の棒は、ブレないあなたの自分軸となります。辛抱しなければならない時、今自分は「心の棒を鍛えている」、それが「自分を育てることになる」と思えるかどうかです。

何度でもやり直しましょう。

そこは「辛抱」です。ブレてもブレても、また初心に立ち返り、自分の「心の棒」を思い出し、また今日から始めればいいと思います。

そうして日々、新たに心の棒を持つ。それを積み重ねていけば、そうやって良い「辛抱」を続けていけば、あなたの「心棒」は強固なものになっていきますよ。

心がブレても初心に立ち返って続ける

HINT 52 CHAPTER 4

「あなたらしい」が「自分軸」を育てる

心棒の育て方。

楽しいと思えるタネを見つけて、大切に育てよう!!

「心棒(しんぼう)」とは「自分軸」。

たとえどんなことが起こっても、どんなにシンドい状況に陥っても、どれだけあなたが傷ついても、追い込まれても、あなたがあなたらしい人生を精一杯生きるために、そして、幸せな人生を送るために、一生をかけて強くたくましく育てていくものです。

 ### あなたのタネを大切にしてください。

あなたは何をしている時が、最も楽しいですか?
どんなことをしていると、イキイキとしていられますか?
あなたが誰かの役に立つとしたら、どんなことでしょう?
どんな自分でいると、人から「あなたらしいね」と言われますか?

 ### 「これだ!」と思えるタネを見つけたら、

それを大切に育ててください。途中で違うと思ったら別のタネを探したって大丈夫。それが本物のタネなら、あなたはどんな困難な状況の中でもきちんと水をやり栄養を与え、大切なタネを育てることができます。楽しいと思えることは人は全く苦にならないのです。

 ### 植物を育てるつもりで、大切に育てる。

そのための努力は怠らないこと。タネにとっての水や栄養は、あなたが本を読んだり、勉強会に出かけたり、尊敬する人のところへ話を聞きに行ったり、日々、生活の中で吸収する学びです。目の前のことに一生懸命取り組むことです。

 ### いつしかタネは発芽して…、

芽がぐんぐん伸び、木へと成長します。あなたがその努力を怠らない限り、葉っぱが生い茂り強い木へと成長します。そうしていつしか、ビクともしないくらい強く成長した木になるのです。

それがあなたの信念です。強力な「自分軸」=「心棒」です。

成長の3方向で器を広げる

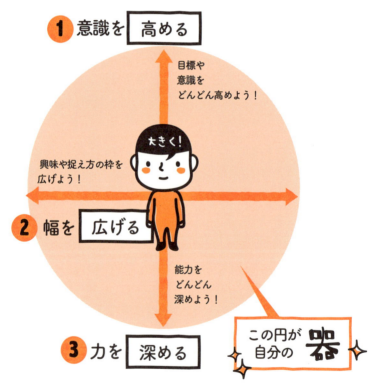

バランスよく矢印を伸ばして
大きくてきれいな円を描こう！

第4章　ブレてしまうあなたへ

成長の3方向。

図にあるように、成長の座標を3方向に置いてみてください。

↑上方向の矢印は、
　自分の意識、目標を高めていく指標です。

それぞれ**←左方向**と **→右方向**に向けての矢印は、
　あなたの幅です。あなたが物事に興味を持ったり、肯定的に捉えたりする枠を広げていくことです。

↓下方向の矢印は、
　深さです。あなたが自分の持っている力を深めれば深めるほど、この矢印は長くなります。

力をつけてそれぞれの矢印が伸びていくと、

　長く伸びていけばいくほど、それらを結ぶ円はどんどん大きくなりますよね。このサークルの大きさがあなたの"器"というわけです。
　あなたが自分を成長させようと思ったら、この3方向の矢印について意識して動いてみてください。気がついたら、あなたの器は思うよりもかなり大きくなっているはずです。

大きくてきれいな円を描く。

　この円がいびつな形ではなく、きれいな円になるといいですよね。目標を高く掲げ、興味や行動、交流の幅を広げ、深みを増していく。バランスよく力を伸ばしていけば、さらにあなたの器＝サークルは、大きくてきれいな円を描いていくことができますよ。

成長の3方向で器を広げる

HINT 54 CHAPTER 4 | 苦しい体験が「人間味」を育む

人間味の違いは人生の違い。

荒波に揉まれた
カツオや昆布

いい出汁が取れる

手間をかけたり
骨身を削る苦労の賜物

人は、苦労を乗り超えることで
人間味が増す。
そうやってできた"あなたの味"で
人生を美味しくしよう！

辛い過去
苦労
努力
挫折

人間味の元になる

世の中で最もおいしい味って？

あなたは、世の中で最もおいしい味は何ですか？ と聞かれたら、何と答えるでしょうか？

それは、人間の味（人間味）。

ではないでしょうか。人間の味は一つとして同じものはありません。人によっては合う味、合わない味があるでしょう。でも、それぞれ違う味を持っているから面白いのです。皆同じでは飽きてしまいませんか。

 ### 味の違いは人生の違いです。

どうせなら自分の人生、良い味を出したいですよね。良い味にするには料理と同じく、しっかりとダシを取ることです。

苦しい体験をすると、人は人間としての深みが増します。苦しい最中の時はわからなくても後から考えてみると、「あのつらい体験が今の自分をつくっている」ということを言う人はたくさんいます。

 ### かつお節や昆布だしはいいダシが出る。

しっかり天日干しされてじっくり丁寧に旨味を凝縮してつくられたかつお節や、北の海の荒波に揉まれた昆布も人間も同じです。

苦労をして自分を強く厚く育てることのできた人は、人間味が増します。そういう人はそれこそ器も大きく、自分のことだけでなく周りの人の幸せを考え、困っている人がいたら助けてあげることもできます。苦労をしていない人間は、力量も弱く、薄っぺらな味の人生しか歩むことはできません。

 ### 「若い時の苦労は買ってもでもせよ」

その通りです。苦労を乗り越えることで得られる円熟味、"あなたの味"は、あなたの人生を何倍もおいしく豊かにしてくれますよ。

苦しい体験が「人間味」を育む

なぜ多くの人間が堕落の実を選んでしまうのか？

　人は自分の人生をどんなふうに描くか、自分で選ぶ自由があります。その自由な選択、つまり主体性を持った決断により、人は自分の人生を良い方向に持っていったり、自分で悪い方向に落ちていったりしているのです。

　人生には、常に2つの選択肢があります。その2つの選択を果実で表現すると、「チャンスの実」と「堕落の実」と呼ぶことができます。チャンスの実は、一見トゲだらけで、むきにくく、さわるとケガをするような実。堕落の実は、りんごのように甘くおいしそうな外見をしています。「ラクして稼げます」というような売り文句は、甘い果実の外見をした堕落の実。「成功するには努力が必要です」というのがチャンスの実です。

　そして多くの人は、世の中にうまい話なんてないと頭では分かっているのに、堕落の実を選んでしまいます。それは選んだ本人が悪いというわけではなく、人間であれば仕方のないことです。そもそも人間の本質は、忘れる、飽きる、ラクをしたがる生き物。快楽や安心を求めるのが人間という動物なので、約9割の人は堕落の実を選んでしまうのです。

　では残り1割の人間になるにはどうしたらいいのか？ 人間は何かを選択する時、心の中に常に2人の自分がいます。天使の自分と、悪魔の自分。ダイエットにたとえると、痩せるために努力をしているのが天使であり、その場の誘惑に負けて美味しいものを食べてしまうのが悪魔です。そして、さまざまな言い訳をしながら堕落の実を選んでいるのは悪魔の

チャンスの実と堕落の実、あなたはどちらを選ぶ？

自分です。つまり、チャンスの実を選ぶためには、天使が勝つように心の中を鍛えていかなくてはいけないのです。

チャンスの実を選ぶと茨の道が待っている

では天使の自分が勝ち、チャンスの実を選ぶと人はどうなるのか。トゲだらけで、むくのも大変で、怪我をしながら必死にむいた果実の中には何があるのか。じつはそこに何もありません。中身は空っぽなのです。でもそこにはかけがえのないものが入っています。それは、自分の成長した姿です。

得たいものを得た時の喜びは一瞬で消えてしまいます。でも、その目標を実現した自分自身というのはかけがえのないもの。チャンスの実の恩恵は、そのむいている過程の中で得られるものなのです。

チャンスの実をむくというのは大変な作業です。ケガをするかもしれないし、時間もかかるかもしれない。周りも、それは大変だよと忠告します。でも「大変」という漢字を思い浮かべてください。「大変」という文字は、大きく変わる、と書きます。変わるというのは、英語で言うとCHANGE。そしてCHANGEという言葉のなかには、あるアルファベットが隠されています。それがCHANCEです。CHANCEの実は、CHANGEになる。それがチャンスの実の正体なのです。

堕落の実を選んでしまう悪魔の自分は、快楽や安心を求める人間の本質なので、コーチングをする必要がありません。人は自然と堕落の実を選んでしまう生き物だからです。だからこそ、チャンスの実を選ぶためには、天使を勝たせるようにコーチングする必要があります。

あなたの人生は、あなたが自由に選択できる

　人生は、自分自身の自由な選択で成り立っています。自分の中にいる天使と悪魔の闘いの結果であり、誰のせいでもありません。チャンスの実を選ぶというのは、大変なことを抱えるということ。その実を必死にむいていく過程には、「辛抱」が必要なケースもあるでしょう。でも、いつしかその「辛抱」は心の棒である「心棒」になり、あなたの「自信」につながっていきます。

　心の棒も最初はポッキーのように細い棒のようなものかもしれません。でも、あなた自身の中に何本も心の棒ができると、少々のことでは折れない、あなたの確固たる軸になります。そうして初めて、人は「成長」を実感できるのです。天使と悪魔が同居しているのが人間の性です。

　あなたはその自由な意思で、チャンスの実と堕落の実、どちらを選びますか？

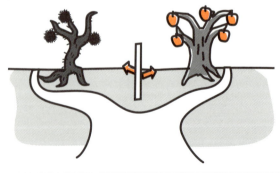

CHAPTER 5

16 HINTS

続かないあなたへ

知っていること、やっていること、成果が出ていることは違う

正しい行動・正しい知識ではじめて成果は出る。

正しい知識を身につけ正しい行動を続けていこう!

ここであなたに伝えたいことは、

「知っていることと、やっていることと、成果が出ていることは違う」ということです。

「知ってる、知ってる」

人の話や新しい学びに真剣に耳を貸さない人がいます。そういう半分心ここに在らず的な話の聞き方はとてももったいないです。新しい気づきや別の表現方法を得るチャンス、物事の本質に気づくチャンス、行動に移すチャンス、多くのチャンスを失っていると言えます。

「知っているつもり」は本当に怖い。

あなたの成長を止めてしまうからです。どんな話にも謙虚に耳を傾けるべきです。どこに新しい発見や、自分を高めてくれるきっかけが転がっているかはわかりません。あらゆることに好奇心を持って、自分だったらどうだろう? と、自分事として捉えるクセをつけてください。

「知識だけでなく、私は行動しているよ」という人は?

それだけではNGです。その行動が正しいものかどうかが重要だからです。あなたの未来を変えるために適切な行動でなければ、闇雲に動いているだけでは、意味がないのです。ただ行動しているという満足感だけでは、成果は永遠に出せず、結局は何も変わりません。

正しい知識と正しい行動。

正しい知識を身につけて正しい行動を続けることで、初めて成果が出せるのです。

でも、大丈夫。この章で、一つひとつ成果の出る行動を続けていくためのコツを、覚えていきましょう。あなたにも必ずできますよ。

HINT 56
CHAPTER 5

普段できていないことは、結局はできない

自分の物になっていないことは、相手に伝わらない

普段から、**習慣**にできるようにしよう！

良い行動を続けるコツを学ぶ前に、

もう一つ、気をつけてほしいことがあります。
それは、「普段できていないことは、結局はできない」ということです。

「いざという時にちゃんとすれば大丈夫」

と言う人がいます。「今、プレゼンが下手でも、先方の前ではちゃんと話すから」「普段はラフな格好だけど、営業の時にはスーツを着るから」「会議になったら、書類をつくって提出するから」「本番に強いから任せておけ」…。

こういうことは意外とごまかせないもの。

自分ではバレないだろうと思っていても、周りの人はすべてお見通し。普段できていないことは、お客様の前でも決してうまくいくことはありません。形だけ整えても、表面的に取り繕っても、簡単に見透かされてしまいます。なぜなら、そういう行動は習慣化されておらず、本当の意味で"あなたのもの"にはなっていないからです。

自分のものになっていないものは…

何度も反復して自分の言葉として放つものでなければ、どんなにカッコをつけても相手には刺さりません。普段から着こなしていないスーツは、その時だけ身につけてもビシッとは決まらないでしょう。普段からつくっていない書類をいざ作成しようとしたら、大いに手間取って締切に間に合わないなんてこともあるかもしれません。

「普段できていないことは、いざという時にもうまくいかない」

と肝に銘じ、今この瞬間から意識して、できるように練習しましょう！

HINT 57
CHAPTER 5
自分の「無意識な行動」を探ってみる

人間の意識

五感・意思判断
願望・選択など

自覚できる「意識」
顕在意識
3〜5%

97〜95%
潜在意識
自覚がない「意識」

記憶・思考・行動
人格・呼吸などの
生命維持

＝
これが
習慣

まずは、自分の
「無意識の行動」を探ってみよう！

顕在意識とは、

私たちが普段の生活の中で、自分でしっかりと自覚しているわずか3〜5％の「意識」のことです。

潜在意識とは、

残りの95〜97％の「無意識」のこと。自分では意識することができない、言語化もできない、モヤモヤとした領域です。私たちの意識は、ほとんどが無意識の領域からできているということです。

無意識の時にしている思考、行動が「習慣」

考え方のクセ、昔から変わらない行動パターンと言ってもいいでしょう。もしかしたら、性格的なものも含まれるかもしれません。

その行動、考え方をするのが当たり前になっているので、それをしていないことで、不安になったり違和感を感じたりします。さらには、意識していないので、全く自分では気がつかない行動、考え方です。

他の人に「あなたにはそういうところがあるよ！」と言われても、「えっ、そんなことしていないし……」となることも多いのです。

成功している時も気づかない。

営業の上手な人に営業のコツを聞いたとしても、「普通のことをしているだけだよ」という答えしか返ってこないかもしれません。意地悪で教えてくれないのではなく、その人は、日々の習慣で無意識に行っている行動によって成果を出しているので、本人もどう説明すればいいのかわからないのだと思います。

まずは無意識の行動を自覚しましょう。

あなたが普段から意識的に行っている行動と、無意識にとっている行動について、しっかりと認識するところから始めましょう。

自分の「良い習慣」と「悪い習慣」を見極める

習慣を変えれば、人生は劇的に変わる！

あなたが思い通りの未来を手に入れるためには、

正しい行動が重要です。5％しかない意識下の行動と95％の無意識の行動、どちらを変える方がより大きな成果が得られるでしょうか？ 圧倒的に量の多い無意識に働きかけたほうがいいですよね。

習慣を変えることには大きなパワーがある。

大きく自分の行動を変えようと思えば、90％を超えるあなたの「無意識」に働きかけて、正しい行動を「習慣」にしてしまえばいいのです。行動の中でも無意識の領域における行動＝習慣を変えていかないと人生は変わらない。ということは、「習慣」を変えることができれば、あなたの人生は劇的に変わる可能性があるということです。

習慣には良い習慣と悪い習慣がある。

良い習慣とは、あなたの未来にとってプラスになっていく、求める成果につながる行動です。良い習慣は、それを意識することでより良い習慣へと進化させたり、他に応用することができます。人に、より良い方法として教えてあげることもできます。

悪い習慣とは、逆にあなたの成長を制限する、より良い未来へ向かおうとするあなたの足を引っ張る行動です。

習慣を変えるステップ。

良い習慣は無意識にやっていることなのでどんどん続けましょう。重要なのは、悪い習慣をどうコントロールするかです。悪い習慣は良い習慣に変えていく必要があります。変えるためには、

　　無意識（悪い習慣）→ 意識 → 無意識（良い習慣）

のステップを踏みます。

悪い習慣を良い習慣に変えていくコツを、これから学んでいきましょう。

自分の「良い習慣」と「悪い習慣」を見極める

HINT 59 CHAPTER 5
いったん「自分のやり方」を捨てて挑む

「守破離」とは?

守（しゅ）

師の教えを忠実に守り、身につけること。

自分のやり方は捨てる!!

破（は）

師に教えられた基本をベースに、自分なりの工夫を加えること。

離（り）

型にとらわれない新たな物を生み出すこと。

「守」を徹底すれば いずれ「破」れる!!

「守・破・離」って知ってる?

　戦国時代〜安土桃山時代に活躍した茶人、千利休が詠んだ和歌「規矩作法守りつくして破るとも離るるとても本を忘るな」から引用されたとされ、日本の伝統芸能において、芸事を極める際の規範として長く語り継がれてきた言葉です。

　「**守**」は、師の教えや型を忠実に守りひたすら真似て型を確実に身につけていく段階。「**破**」は、他も学び、基礎にさらに自分なりの改良を加えて既存の型を破っていく段階。「**離**」は、師の教えから離れ学びを発展させ、新たな独自の表現を編み出していく段階です。

完全なコピーというのはほぼ無理なこと。

　「**守**」のコツとしてよく言われるのは、自分の考えや方法を一切排除して、完璧に師の型を模倣しなさいということ。これがかなり難しい。多くの人は、ちょっと慣れてくると自分の感覚や考えを優先してしまったりします。でも完全なコピーは無理です。なぜか? 人はそれぞれ生まれ持ったものが違うからです。体つきも、顔の造作も、声質も、言葉の使い方も、今まで歩んできた人生も違います。

「守」を徹底的に追求しても自ずと「破」に達する。

　あえて「**破**」を目指す必要はないのです。逆に、「**守**」を徹底しようとしない人は、結局「**破**」にも到達できません。

　しっかり「**守**」に注力して、本当の意味でのコツがわかってくれば、それは習慣となっていきます。そこから、「ここはもっとこうしたほうがいいかな」「これも挑戦してみよう」と、あなたなりの方法を生み出していくこともできるでしょう。

「守」をとことんこれでもかと徹底してみる。

　いずれ「**破**」れるのですから、まずはそこからスタートすることが重要です。大丈夫。そこを踏み間違えなければ、あとは導かれるようにあなたの個性は、勝手に花開いていくはずです。

いったん「自分のやり方」を捨てて挑む

HINT 60 CHAPTER 5

習慣化へのステップ①

新しい知識を入れる、自分の行動を自覚する

習慣化へのステップ １

「無意識の行動を自覚する」

自覚するための

行動

- 鏡を見る
- 動画を撮る
- フィードバックを受ける
- 学ぶ

今、ダメな行動してた！

無意識ポテチ

自覚するための

心

- 勇気
- 謙虚さ
- 素直さ

自分を客観的に見つめ
行動のクセを理解しよう。

気づけなくて当たり前。

　習慣となっていることは、良いことも悪いことも無意識に行っているので、自分では気がつけないでしょう。何かを変えたいと思うなら、まずは、あなたが無意識にやってしまっている行動（悪い習慣）を、自分の意識下でしっかりと自覚することが重要です。

ダイエットを決断したのに、

　朝、出勤前には必ずコンビニに寄りお菓子を買い込んでしまったり、英語の上達を目標に掲げたのに、家に帰るとすぐにソファに寝転んでゲームを始めてしまったり、そんな習慣はありませんか？
　まずは、毎日無意識にどんな行動をしているか、あなたの目的を遠ざける習慣はないか、チェックすることから始めてください。

「無意識の自分の行動を自覚する」

　必要なことは、知識を仕入れることと、自分を客観的に見つめ、人からフィードバックを受けるなどして自分の行動のクセをきちんと理解すること。自分ができていると思うと成長は止まってしまいます。**HINT11**(30P)「ジョハリの窓」の「閉ざされた窓」の自分（自分も他社も知らない自分）を意識しましょう。

自覚するために必要なことは…、

【 行動 】
　① 鏡を見る・動画を撮る（客観的に自分を知るために行動する）
　② フィードバックを受ける（人の目、手を借りる）
　③ 学ぶ（本を読んだり、勉強したり）

【 心の持ちよう 】
　① 勇気（たとえば体重計に載るなど、自分を客観的に見つめる勇気）
　② 謙虚さ
　③ 素直さ

習慣化へのステップ1

HINT 61 / CHAPTER 5

習慣化へのステップ②
意識を持って、行動ができている状態になる

悪い習慣をしっかり自覚できましたか？

「自分はつい、こういうことをしてしまう」と自覚した習慣ですが、無意識にしてしまっているということは、今度は意識的に、この習慣をやめる行動を起こすしかありませんよね。「ついやってしまう」という無意識のほうがずっと強いので、この行動は相当強く意識して行わなければ負けてしまいます。

「意識を持って、行動ができている状態にする」

そのためには具体的な行動を起こすこと。習慣化への壁は厚く高いですが、具体的な行動を続けることで打ち壊すことが可能となります。

たとえば**HINT60**(142P)の悪い習慣に対しては、週に3回は手作りのお弁当を持参し、その日はコンビニには立ち寄らない、オンラインでアメリカ人に英会話を習う講座に申し込み、家で授業を受ける。といった行動を起こすのです。あなたの悪い習慣に取って代わる、新しく具体的な行動を考えてみましょう。

意識しておくべきことは…

【行動】
① 3つのやる（すぐやる、必ずやる、できるまでやる）**HINT38**(90P) 参照
② 大きく変える（違和感を感じるくらいでちょうどいい）
③ 宣言する（自分を追い込む）　**HINT42**(98P) 参照

【心の持ちよう】
① 何もしないことが失敗であり、リスクになる
② 違和感を感じて当たり前

HINT 62 CHAPTER 5

習慣化へのステップ③
決めたことをちゃんとやる、チェックする

習慣化へのステップ３
「ちゃんと続ける、チェックする」

記録してチェックする

= 意識して行動している
= 潜在意識に刷り込む
=「習慣」になる

大切なのは
- 「すぐ」やる
- 自分との小さな約束を守る

行動は３週間で「習慣」に。
そして、半年で考え方のクセや思考も変わる！
思考が変われば行動も変わる！

意識して行動することを決めたら、

今度はそれを、毎日地道に続けていくしかありません。

その時あなたに必要なことは、**HINT38**(90P) で学んだ「すぐやる」という行動力と、**HINT8**(24P) でお伝えした「自分との小さな約束を守る」という努力をひたすら続けることです。

できた日は〇印、できなかった日は×印

あなたが決めたことを表にして記録していく。これを焦らず、何度でも繰り返し続けていきます。こうしてあなたが意識して行動していることは、毎日続けることで、あなたの潜在意識に刷り込まれていき、いつしか無意識でも行えるようになっていきます。そしてそれが確固たるものとなり、「習慣」として身につくことができるのです。

3日坊主でもOK。

あきらめることはありません。また今日から始めましょう。何度でも繰り返し行動して潜在意識に刷り込んで、習慣化を目指しましょう。

人が意識してする行動は、3週間で習慣化できる。

部屋の中をきれいに整える、勉強するといったことがこれに当てはまります。筋トレや早寝早起きなど身体に絡んだ習慣を身につけるには、3ヶ月ほどかかると言われます。さらに、あなたの考え方のクセや思考は、半年くらいかければ変わっていくことができるそうです。

思考まで変われば、行動も自ずと変えていくことができるはず。

それでも続けるのが難しいと思う人は、次のページへ。続けるコツをお伝えします。

HINT 63 習慣化へのステップ④
楽しくなる〝しかけ〟をつくる

潜在意識に働きかけて、

悪い習慣を良い習慣に変えてしまう。これが実現したら、あなたの人生はかなり良い方向へと変わっていくと思います。

ワクワクするしかけを考える。

新しい行動を習慣化するにはそれなりに時間がかかります。そもそも、苦しいことは続けられないのが人間の特性でしたよね。

習慣になるまで行動を続けるためには、ワクワクする〝しかけ〟をどれだけつくれるかがカギです。初めてのことはドキドキして緊張もするけれど、期待感も強くどんどん続けられるもの。ゲームも最初は夢中になれます。でも、だんだん慣れてくると面白みが薄れて飽きてきますよね。

仲間をつくって一緒に励まし合いながらクリアしていく。

目標を達成したら、ちょっとしたご褒美を用意する。「楽しい!」と感じられること、快楽を得られそうなことならなんでもOKです。自分で続けられそうなちょっとした楽しい〝しかけ〟を考えて、飽きないように工夫を重ねて、目一杯楽しむようにしましょう。

楽しむためには…、

【行動】
　① 楽しむ工夫を考える(クスッと笑えることでもなんでもOK)
　② 周りを巻き込む(仲間と一緒に続けていきましょう)

【心の持ちよう】
　① 苦しんで取り組まない
　② 簡単に身につけられると思わない(時間をかけて少しずつ)
　③ 3日坊主であっても再開する(やめなければ失敗にはならない)

HINT 64 CHAPTER 5 誰にでもわかりやすい良い習慣を身につける

わかりやすい習慣とは？

- あいさつ
- 約束を守る
- 礼儀

大事なことなのに、できている大人は少ない

だからこそ
基本的なことを
心を込めて続けると
**あなたの評価は
上がる！**

「ありがとうございます!!」（ほめられたい！）

ちゃんとした人だな…

「わかりやすい習慣を身につける」

これが続けられる工夫の一つです。人は、褒められたり、認められたりすると気持ちがいいもの。だから続けられるという要素は大いにありそうです。

挨拶は大事だと思うか？と聞かれたら、

ほぼ100％の人が大事だと答えることでしょう。日本人は小さなころから、大切なことを当たり前のこととして色々と教育されてきています。

ところができていない人が多い。

世の中はおかしなもので、そういうことは意外とおろそかにされていたりします。皆が大事だと思っているはずなのに、時間は守れない、挨拶はできない、礼儀のない行動が横行していたりします。

幼稚園生や小学生の挨拶はとても元気ですが、中学生、高校生と大きくなるにつれて、挨拶の元気がなくなり、大人になるとさらに声が小さくなったりするものです。

だからこそチャンスです。

もしあなたが、挨拶のような基本的なことを心を込めてきちんと続けていたら、できていない人が多い分、あなたの存在は際立ち、この人はきちんとした人だなぁと人から評価される確率が上がるでしょう。

すぐに成果は上がってきます。

まぁ、だまされたと思って、まずは次ページから紹介していく「再建の3原則」「挨拶」「人の話を聞く姿勢」から習慣づけてみませんか？

誰にでもわかりやすい良い習慣を身につける

習慣のコツ「再建の3原則」

再建の三原則

一、時を守り
いつも10分前行動を心がける

二、場を清め
心をこめて身の回りを整理整頓

三、礼を正す
あいさつ、礼儀正しく

簡単に取り組めることから始めてみよう！

「再建の3原則」とは、

日本の教育者であり哲学者でもある森信三氏が、職場や学校を再建するために必要な3原則として提唱した有名な言葉です。

　　　時を　守り　場を　清め　礼を　正す

「時を守り」は時間を守ること。

10分前までには場に到着し、心を整え時を待つことができたらベストです。簡単なようで、守れていない人は大勢います。

「場を清め」は身の回りの整理整頓。

心を込めてきれいに清掃すること。上辺だけでなく心から清掃することで、気づきを得られると説かれています。

「礼を正す」は挨拶や礼儀です。

子どもの頃は大きな声でできていた挨拶も、大人になってできなくなっている人は、本当に多いですよね。

1990年代、ニューヨーク市で、

ジョージ・ケリングが提唱した「割れ窓理論」に基づいて実践された政策(地下鉄の落書きを消す。無賃乗車を取り締まる。街のゴミを撤去する。など)により、街の治安が格段によくなった例は、まさに場を清めることで、人々の気持ちや行動まで変わっていったという典型的な例です。

この3原則は習慣形成のコツでもある。

良い習慣を身につけていこうとした時には、当たり前のこと、簡単に取り組めることから修正していくのがポイントです。

「何から始めればいいかわからない」という人は、朝、学校や職場で、あなたから、元気な声で挨拶をすることから始めてみてください。

HINT 66 CHAPTER 5
簡単そうな「挨拶」こそ難しい

知ってるようで知らない「挨拶(あいさつ)」の意味

挨(あい) 拶(さつ)

書ける?
書けない人も結構多いんだよ

（自分の）心を開いて、（相手に）せまる、歩み寄る

仲良くなりたい！
パッカーン！

仲間である
敵ではない
ことの確認

ホッ 悪い人じゃなさそう…

誰よりも気持ちのいい挨拶をしよう！

「挨拶をする」なんて簡単なことから始めるの?

と思うかもしれません。でも、ちょっと周りを観察してみてください。あなたが朝、学校や職場に行った時に、どれだけの人が大きな声で気持ちのいい挨拶ができていますか? 皆、口の中でもごもごと呟いたり、なんとなく会釈してスーッと席についたりしていませんか?

「挨拶」の本当の意味を知っていますか?

あいさつは、挨拶と書きます。
では、挨と拶。それぞれ、どのような意味を持っているのでしょうか?
　挨 は、挨く(ひらく)
　拶 は、拶る(せまる)
ひらくとは、自分の心を開くという意味です。
せまるとは、相手の心にせまる。歩み寄っていくということです。

挨拶はすべての人間関係の基本。

コミュニケーションの基本とも言えるものです。まずは自分から心を開く。全てはそこから始まるのです。そして、何度でも自分から相手にせまっていく。それが、挨拶の意味です。

動物が挨拶をする条件は、

同一種族同士であることと同じコミュニティに属していることです。人間と猿が挨拶を交わすことはないですし、あなたも、たとえば電車の中で出会う人に誰彼構わず挨拶をすることはないですよね。「挨拶」には仲間である、敵ではないことの確認の意味もあります。

とても大事な意味を持っている挨拶。

誰よりも気持ちのいい挨拶ができたら、それは、あなたの大切な武器になりますよ。

HINT 67 CHAPTER 5
人の話を聞く姿勢「あいうえお＋め」

人の話を聞く姿勢
「あいうえお ＋め」

話を聞く時は…

あ いてを みて
い い しせいで
う なづきながら
え がおで
お わりまで きく
め もを とる

好印象でいると
いい出会いが
あるかも！

人の話を聞く姿勢について。

こんな実験があります。隣に座っている人同士で、人の話を聞く時の姿勢をわざと最悪な状態にさせて、お互いに相手にそういう態度をされた時、どんな気持ちになるか、どう感じるかを体験してみるのです。態度の悪い人の前では、人は萎縮してしまったり、本来のパフォーマンスを発揮できなかったりします。

本人は気づいていないが、

足を投げ出して椅子にドカーッと浅くもたれかかっていたり、そっぽを向いていたり、腕組みをしていたり、スマホをいじっていたり、話す側が、不快な気持ちになる態度をしている人は意外と多いもの。これらは無意識でやっている悪い習慣ですが、本人は、そこまで人に嫌な印象を与えているとは気がついていないのだと思います。

話を聞く時には「あいうえお＋め」に注意。

- **あ**　いてを みて
- **い**　い しせいで
- **う**　なづきながら
- **え**　がおで
- **お**　わりまで きく
- **め**　もを とる

これで人はあなたに話しやすさを感じ、親しみを覚えてくれます。

自分の未来をより良くしようと思うのなら、

夢に共感し協力してくれる人との出会いも大きな後押しになります。すばらしい出会いと巡り合うためには、あなたが人に良い印象を与えることも重要です。無意識のうちに、人に悪い印象を与えている習慣があるならば、それを変える努力も大切だと思います。

本当の楽しさは「やり抜いた先」に待っている

苦しいことを乗り越えた先にこそ、楽しさがある。
それ、味わってみたくないですか？

一見苦しいように思えるマラソン。

ところがランナーは、長時間走り続けているうちに苦しさを感じなくなり、楽しくて仕方がない恍惚状態になるといいます。いわゆる「ランナーズハイ」というやつです。これは、体内に脳内麻薬の一種である何らかの物質が生成されることで起こる現象だそうです。

 ## 苦しくてもあきらめずそれを乗り越え続けていくことで、

だんだん楽しくなってくるという話は他にもあると思います。

サッカーが上手くなりたい少年が、ひたすら毎日リフティングの練習をやっているとします。もし彼が、毎日代わり映えのしない練習をつまらなく感じ練習をやめてしまったら、彼は試合に出ることもなく、サッカーの楽しさを一生味わうことはないかもしれません。

 ## 一生懸命基礎練習を続けていたら？

リフティングが上手くなってボールコントロール技術も上がり、試合に出るチャンスが巡ってくるかもしれません。試合に出て結果が出るようになると、サッカーが楽しくて仕方がないという状態になるでしょう。

山登りもそうです。最初は苦しいばかりでも、がんばってひたすら登り続ければ、山頂にたどり着けた人しか眺めることができないすばらしい景色を観ることができます。人生も同じだと思います。

 ## 最初は何のことかわからなくても、

続けることでだんだん本質が見えてくることがあるのです。つまり「物事の本当の楽しさは最初からは見えない」ということです。

ただしこれは、本質にたどり着くまで続けることができるかどうかにかかっています。乗り越えることは苦しいけれども、苦しいからこそ、その先に楽しさがあるわけです。

それまでをどう楽しむか。これは永遠の課題かもしれませんね。

本当の楽しさは「やり抜いた先」に待っている

HINT 69 CHAPTER 5
乗り越えた壁が高いだけ「やりがい」も大きい

「やりがい」は簡単には手に入らない。

ゲームでは、勇者はボスを倒すためにあちこち旅し、コツコツとレベルを上げ、お金を貯めて装備を強化するなど、かなりの苦労をしてきている。

だからこそ、敵を倒した時の

達成感＝やりがい

は、とてつもなく大きい。

「習慣を変える」ことは大変だけど成果は大きい！
ゲームのように、チャレンジしてみませんか？

「やりがい」とは何でしょう?

それは、「やった甲斐」があったかどうかということです。
簡単にクリアできること、手に入れられるものは、やりがいにはなりません。壁を乗り越えたり、続けられないことを続けられるようになった時、お金や時間をかけて苦労して手に入れた時、人は「やった甲斐があった」「意味があった」と思えるのです。

簡単に手に入れられないのがポイント。

簡単に手に入ったものは、人は結局大事にしません。
すでにあなたができていることをやっていても、あなたはそこにやりがいを感じることはないでしょう。"強い敵"の中にこそ楽しさがあります。

なぜ、ゲームは楽しいのか?

飽きないゲームは、次から次へと強い敵が立ちはだかってきてクリアするのが難しいものです。だからこそ、それを乗り越え敵を倒した時には達成感を感じます。飽きるゲームは、最初から相手が弱くて簡単にクリアできてしまいます。そういうものを人はつまらなく感じてしまうのです。楽しさ、面白さとはそういうものです。

「習慣を変える」というのはとても大変なこと。

習慣を変える行動を飽きずに続けるにはかなりの工夫が必要です。でもだからこそ、大きな成果を得ることができます。チャレンジのしがいがあると思いませんか?

HINT 70
CHAPTER 5
全ては自分から始まる

第5章 続かないあなたへ

大人や上司がきちんと行動していれば、

子どもも部下も、それを真似てきちんと行動するようになります。子どもでなくても人は、人の良いところを（同時に悪いところも）よく見ているもの。お互いに影響し合っているのです。

あなた自身も周りから多大な影響を受けています。

それと同時に、あなたの周りには、あなたの行動によって良くも悪くも影響を受ける人がたくさん存在するのです。

ということは、あなたが良い行動を積極的に行えば、周りも必ずその行動に触発され変わっていきます。良いことが波紋のように広がっていくはずです。

全てはあなたから始まります。

ここまでお話ししてきた、あなたを動かすためのあらゆるコツは、誰かにやって欲しいと期待するのではなく、誰かがやってくれると依存するのでもなく、あなた自身が始めるべきことなのです。

あなたから見た自分である"私"が変わり、（あなたから見た相手である）あなたが変わる。そして、あなたが変わると、（周りの）皆も変わっていく。変化の順番は、まずは自分自身からです。

あなたにはそれだけの力があります。

ここまで読み進めてきてくれたあなたなら、必ずあなた自身を動かし、周りを動かし、世界を動かせるはずです。

書いてあることをほんの少しでも実践し、動いてみたあなたには、自分で考え、判断し、行動する力が、すでにしっかりと身についているはずだからです。

あなたの未来を最高のものにするのはあなたです。

あなたが生まれてきた意味は必ずあります。それをじっくりと見出して、これから最高の未来を自らつくりだそうではありませんか。

ゲームなら朝まで夢中になれる

　もしかしたら仕事がつらい、毎日が楽しくないと思っている人でも、ロールプレイングゲーム（RPG）をしている時は、無我夢中になってゲームに没頭し続けてしまう人はたくさんいるでしょう。気がついたら朝になっていた、やめられなくてよく親に叱られたという経験は、誰にでもあるのではないでしょうか。

　ゲームをしている時は楽しくて楽しくて仕方がない。それはなぜでしょう？

　それは、あなたがあのRPGゲームの世界の中に入り込んでいるから。ゲームをしている時は、自分自身が主人公として思う存分活躍できるからです。

　まるで自分が冒険をしているように感じて、危機一髪の怖い思いや、思うようにいかない悔しい思い、仲間とともに戦う高揚感など、ワクワクドキドキする気持ちがどんどん沸き起こってくるので、いつまでも興奮は冷めません。

　そしてゲームが進んでいくと、次の展開が知りたくなります。次のステージに行くためには、主人公はレベルアップをする必要があります。そのためにはチャレンジが必要です。鎧も武器も成長に合わせて変えていきます。そうして、強い敵を倒しながら成長していく過程が、ゲームの中には用意されているのです。

　一人ではクリアできない敵とは、主人公は仲間とともに戦います。主人公とはタイプの違う仲間を集めて、その仲間と衝突したりしながらも絆を深め、冒険を続ける。仲間と一緒に、共通のビジョンを成し遂げていくというのがRPGの面白さです。

RPGが楽しいのはあなたが主人公だから

本当は人生のほうがずっとずっと面白い

　本当はリアルな人生のほうが、もっとずっと面白い、ワクワクするもののはずです。なぜならあなたの人生は、誰かがプログラミングをしたり、お膳立てをしたりしたものではないからです。

　それは、あなただけのオリジナルストーリー。いくらでもプログラムを書き換えることができる、唯一無二のもの。あなたが本気で自分の人生を、自分を主人公にして生きようと思えば、自分でクリエイトできるものなのです。

　ただし、ゲームはピッと閉じればいくらでも同じ場面に戻ることができますが、人生においては、時間経過という意味で同じ地点に戻ることはできません。ゲームのように簡単にやり直すということはできません。同じチャンスは二度とは来ないかもしれません。でも、それが人生の醍醐味です。何度でも簡単にボタン一つでやり直しがきくと思えば、人は、生きるということに真剣に取り組むこともしなくなるように思います。

人生は「あなたが主人公」だということを忘れない

　人生はRPGのように簡単にコントロールすることはできませんが、そこから学べることはあります。それは、失敗をしたとしても、過去を振り返ってそこから学びを得て、もっとこうしようとさらに改良を加え、新たにチャレンジをすることができるということ。

　そういう意味では人生において、同じ地点には戻れなくても、何度でも新たな挑戦は可能です。もしあなたが壁にぶち当たり一度あきらめたことがあったとしても、クリアできないポイントがあって一度閉じたゲー

ムを再開するように、いつだってスイッチを入れて、あなたのゲーム（人生）を開始すればいいのです。

　世界的ベストセラーである、スティーブン・R・コヴィーの書籍『7つの習慣』で語られている第1の習慣は、「主体的である」ということ。つまり、「自分の人生は自分で決められる。自分が責任を取るべきものだ」ということです。それができなければ、他の6つの習慣も成り立たないと彼は語っています。

　全ては、自分の人生を自分の人生として捉えられているかどうかに尽きるのです。

　ゲームの世界で自分を主人公に見立てて楽しむことに比べたら、確かに、現実の世界で自分を主人公にして責任を持って生きていくのはハードです。なかなかそこに向き合えないという気持ちもわかります。そこには正解がないからです。

　でも、ゲームの中でも逃げているだけでは何もラッキーは起きません。現実の世界も同じです。勇気を持って動いたものだけが、本物の成長、本当のワクワクドキドキを味わうことができ、本物の幸せを手にすることができるのです。

　自分の人生を本気で生き始めたら、ゲームなんかよりもずっと面白い毎日が送れます。まだそこまでの思いを持てなかったら、まずはRPGで遊ぶつもりで、日々を過ごしてみるといいと思います。目の前の困難をクリアして、自分が成長していく過程をゲーム感覚で楽しんでみる。

　「主人公」は自分だということを忘れずに取り組めば、きっとそのうち人生に夢中になっている自分に気づくことでしょう。

働く事を楽しむ

10 HINTS

Chapter 6

HINT 71 「楽しい」と「楽しむ」は違う

CHAPTER 6

「楽しい」と「楽しむ」

楽しい = 外部から与えられるもの
有限

工夫次第で
いくらでも
「楽しい」が生まれる

苦しいことも
「楽しむ」に変える
＝本当の楽しさが分かる

楽しむ = 自分で工夫して作り出すもの
無限

「楽しい」と「楽しむ」は違う。

「働く」ことについてお話しする前に、「楽しい」と「楽しむ」の違いはわかりますか？ この二つ、似ているようでじつは違います。

「楽しい」は外部から与えられるもの。

外側に存在していることに対してあなたがどう感じるかなので、「楽しい」は有限です。楽しいと感じる対象がなくなってしまえば、終わってしまう感情なのです。麻薬のようなものかもしれません。

「楽しむ」は自分で工夫してつくり出すもの。

あなたが自らつくり出していくことなので、「楽しむ」は無限です。時代が変わろうが環境が変わろうが、あなた自身が心の底から楽しむ工夫をすることができれば、苦しい出来事ですらいくらでも「楽しむ」に変えることができます。あなた次第ということです。

物事は最初からその「楽しさ」は見えない。

最初から感覚的に好きなものならば、すぐに「楽しさ」を感じることもあるでしょう。でもそれだけでは、いつか飽きてしまう可能性があります。

自分で未来を掴むためには、途中で苦しいことも出てきます。そういう時、**HINT59**(140P)の「守破離」の「守」をひたすら続けることで、ようやく物事の「本質」が見えてきます。本質が見えてくると、自分なりの工夫を重ねることができるようになります。すると本当の意味で、物事を「楽しむ」ことができるようになっていきます。

つらさを乗り越えた先に本当の「楽しさ」が現れてくる。

たとえば野球で1000本ノックをひたすら続けるのは、つらい練習かもしれませんが、それを毎日続けることで、ホームランを打つ力が付き、試合で活躍できるようになる。そうして野球の本当の「楽しさ」を知ることができます。

HINT 72 | 何のために働くの?
CHAPTER 6

「働く」ことは人生において大きな割合を占める

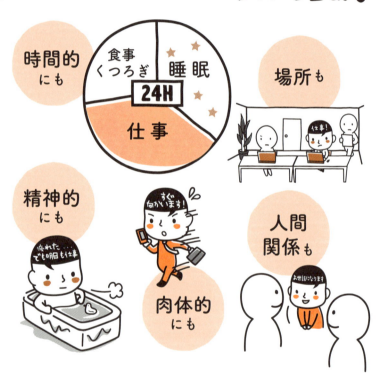

だから、働く時間も幸せにしたい。

おまけの章　働く事を楽しむ

「何のために働くの？」

と聞かれたら、あなたはなんと答えるでしょうか？
「お金が欲しいから」「大学を卒業したから」「皆がそうしているから」「親に言われたから」いろんな答えがありそうですが、意外と明確な答えは返ってきません。

「生きていくためには、お金が必要だから」

さらに突き詰めて聞いていくと、多くの人はこう答えます。それが、働き出したばかりの新入社員も、長く働いているベテランの人も、同じように一番大きな理由だったりします。

人生において大きな割合を占める「働く」こと。

多くの人にとって、人生の中でかなり大きなウェイトを占めているであろうこと、それが仕事です。仕事がうまくいっていないと、プライベートにもなんとなく暗い影がかかったり、逆にプライベートが充実すると仕事にも良い影響があったり。

「働く」という行為は、精神的にも肉体的にも、そして物理的な時間においても、あなたにたくさんの影響を与え、多くの時間を割かせているものです。

働く時間も幸せな時間にしたいと思いませんか？

プライベートと仕事をきっちり分けようと思ってもなかなかできることではありません。どちらも影響し合うものですし、切り分けられないのは当然だと思います。

だったら仕事においても、思う存分楽しんで、充実した時間、生きている実感を得たいですよね。

HINT 73
CHAPTER 6
「働く」ことで大人になれる

「働く」ことは大人の第一歩。

おまけの章　働く事を楽しむ

人はいつから大人と言えるのか？

　成人式を迎えたら？　一人暮らしを始めたら大人でしょうか？　大人には年齢も生活環境の変化も関係ありません。大人になるということは、「自立しているかどうか」で判断できるものです。「自立」とは文字通り、自分の足で立つということ。自分の足で社会の荒波に立ち、生きていけるということです。

自立の反対は依存。

　誰かに、何かに依存をしていると、自分の足では立っていないので、依存しているものを失った時、人は倒れてしまいます。その何かがなければとてもつらい。そうして人は、うまくいかないことを、その何かや誰かのせいにしたりし始めます。

　恋愛も人間関係も、依存された方は重みに感じてしまうもの。するとバランスが崩れ、関係は破綻に向かうでしょう。恋愛も、より良い人間関係も、お互いに自立をしていることが基本です。

どうしたら自立と言えるのか？

　以下の3つの視点において、質問にイエスと答えられたなら、あなたは自立をしていると言えます。

- **身体面**　　健康であるか？
- **経済面**　　独り立ちをしているか？
- **スキル面**　給料以上の働きができるか？

　心身の健康を保ちながら、しっかりと誰かの役に立っている。誰の支援もなく自分の稼いだお金で生活ができている。そのために「働く」ということが重要なのです。

「働く」を分解すると「人が動く」

　この「人」とは「大人」のことを指します。そう、つまり大人の第一歩は「働く」ということなのです。

HINT 74 CHAPTER 6 | 同じ仕事でも「捉え方」で気持ちは変わる

おまけの章　働く事を楽しむ

「あなたは何の仕事をしているの?」

3人のレンガ職人が働いているところに、こう聞いてみました。

Aさんは、「レンガを積んでいる」と答えました。
彼にとって、レンガを積むこの仕事は"作業"でしかありません。

Bさんは、「金を稼いでいる」と答えました。
彼にとってこの仕事は"稼業"です。お金を得て家族を養う必要があるのでしょう。目的があるので、単なる作業もAさんほどつらくは感じていないようです。

Cさんは、「大聖堂を創っている」と答えました。
彼は、レンガを積むという、人によっては単純作業にしか感じられないこの仕事に"使命"を感じて、取り組んでいるのです。

同じことをしていても本人がどう捉えているかで、
このように仕事についての考え方は大きく変わってくるのです。

3人の人生はその後、どうなった?

Aさんは、相変わらず別の場所でレンガを積んでいます。
Bさんは、木材切りの現場でノコギリ作業をしています。給料が高いから仕事を変えたのです。
Cさんは、真摯な働きぶりを評価され、役場に仕事を得ました。今は、未来のために街のランドスケープをどう発展させようかというやりがいのある仕事を任されて、充実した日々を送っています。

あなたならなんと答えますか?

誰かから「何の仕事をしているの? 」と聞かれたら、あなたならなんと答えますか? あなたは、今のあなたの仕事や勉強に対して、どんな思いを持って取り組んでいるでしょうか?

同じ仕事でも「捉え方」で気持ちは変わる

HINT 75 CHAPTER 6 | 働く目的がわからなければ仕事は"作業"になる

「働かされている」から「働く」へ。

「レンガ職人」で考えてみよう。

レンガ職人 A さんの場合

こんなことをするために生まれてきたんだろうか…

目的もなくレンガを積む「作業」はただただつらい…

「働かされている」状態

⇩

楽しくないまま仕事を続けたり、転職を繰り返したり…結局、必要なお金も手に入らずずっとつまらない人生

レンガ職人 C さんの場合

町のシンボルになるような建物にするんだ！

「大聖堂を創る」という目的の下楽しんで仕事をしている

「働いている」状態

⇩

大聖堂は完成。その仕事に対する姿勢を評価され、Cさんは町役場の職に。生涯、町のために尽力する。

どっちの人生が良い？

そりゃあCさん！

どうやったら"作業"から抜け出せる？
それには 働く「目的」を持つこと。

おまけの章　働く事を楽しむ

 ## あらためて、働く目的について考えてみましょう。

多くの人が意外にも、「働く」ということに対しては、ぼんやりとしか目的を持っていないようです。**HINT74** (174P)のAさんのように、目的もわからず目の前の作業にしか目が向いていないとしたら、仕事はとてもつらいものに感じられるでしょう。

「こんなことをするために生まれてきたのだろうか…」
このように悶々と悩んだり、深く考えずに「こんな仕事は嫌だ」と会社を辞めて、職を転々としたりする人もいるかもしれません。

 ## 「働く」ことについて学んだことがありますか？

これまで教育を受けてきて、「働く」ということについて学ぶ機会はなかったのではないでしょうか。そういう場所もカリキュラムもないので、大人になるまで、いえ、なってからもあなたは、「働く」ということについて真剣に考えたことがなかったでしょう。
あなたが今、働く目的をしっかり持つことができないとしても、それは仕方のないことです。

 ## 「働かされている」から「働く」へ

目的がないと「働かされている」という状態が続きます。だから、仕事をシンドいと感じてしまうのではないでしょうか。
HINT74 (174P)のCさんのように、「働かされている」から「働く」へ捉え方を変えることができれば、つらい仕事も「楽しむ」ことに変換することができそうです。

 ## もちろん最初は、自立するためでいい。

自分で自立した生活を始めるために、まずはお金を稼ぐことからスタートすればいいと思います。でも、そのままではつまらなくないですか？　いつまでもそこから抜け出せなかったら、あなたの仕事は、ずっと"作業"のままになってしまいます。

働く目的がわからなければ仕事は"作業"になる

HINT 76 お金を稼ぐことは「目的」ではなく「条件」

お金を稼ぐ＝目的ではない？

働く目的 ＝ [　　　　　] ← 自分で自由に決めよう！

＋

働く条件 ＝ お金をいただく（自分が提供した価値に対して）
＝ 生活のため

お金を稼ぐことは生きていくための "条件"。

私の働く目的は？

お金を稼ぐことは「働く目的」ではありません。

仕事とボランティアの違いは、人に提供したあなたの価値に対し、対価としてお金を受け取るかどうかということ。お金をいただくということがあって初めて、仕事と呼べる行為は成立します。

 ### お金がなければ生きていけないのも事実。

特別な事情がない限りお金がなければ、あなたは生きていくことができません。あなたが提供した価値とお金とを等価交換するという経済行為は、この日本で生きている限り必要不可欠なことです。

 ### ドラッカーが言ったこと。

「企業にとって利益を上げることは条件であって目的ではない」とは、世界的に著名な経営学者ピーター・ドラッカーの言葉です。

もちろんあなたが、お金がなくては生きていけないように、会社も、利益を生みお金が回っていかなければ存続できません。

しかし、利益は会社の妥当性の尺度でしかない。会社の存在意義は利益を出すことにあるのではなく、社会に対して役に立つ価値を提供することだと、ドラッカーは言っているのです。

 ### お金を稼ぐことは条件です。

同じように、あなたという人間にとっても、お金を稼ぐことは「目的」ではなく、あなたが生きていくための単なる「条件」なのです。

 ### 「働く」ことの定義も目的も人それぞれ

お金を稼ぐことは条件ですから、「○○のために働くのだ」という○○、自分にとっての仕事の定義や目的は、あなたが自分で自由に決めればいいということです。

あなたは血液を流すために生きているの?

「血液を流すために生きているの?」と言われたら、

あなたはどう感じるでしょうか?

身体中に血液が巡らなければあなたは死んでしまいますよね。つまり、血液を流すことはあなたが生きていく上での条件の一つです。

「あなたは血液を流すために生きているの?」という言葉は、「ただ生きているの?」と言われているようなもの。そんなことを言われたら、ちょっとムッとしてしまいますよね。

お金のために働くということは、

条件のためだけに生きているということです。

お金も血液も同じこと。血液を流すという人間にとって当たり前の必要条件のためだけに、ただ生きているという状態。これは、お金を稼ぐため、生活のために「働く」ということと同じような状態と言えます。

(もちろん、お金儲けを目的に働くことが何よりも楽しい人もいますから、それを否定するものではありません)

あなたが自分の人生を輝かせるためには…

血液を流すように、ただお金のために働いている状態を、モチベーションを保ち、楽しみながら続けていくのは至難の技でしょう。人には、誰かに認められたい、自分には価値があると思いたいという欲求があるからです。

あなたが、仕事によって自分の人生をもっと輝かせるためには、その先にあるものが重要なのです。

仕事の目的を設定してみましょう。

目的が何もないと、どこに向かっていいかわからないですよね。お金を稼ぐことは、生きていくために必要な当たり前の条件なのだから、それは一旦置いておいて、自分なりの仕事の目的を設定してみようよ、というのがあなたへの提案です。

HINT 78
CHAPTER 6 | 豊かになることを否定しない

「豊かになる」なり方が大事。

懐が豊かになる
＝
対価

私はこの仕事で豊かになる！

働いてお客様に喜んでもらう
＝
心が豊かになる

人の役に立つことで
心も懐も豊かになろう！

お金は条件であって目的ではない。

ここまで学んできたあなたですが、「そうは言ってもお金は重要。たくさん欲しいよ」というのが本音ではないでしょうか。

働いてお金をもらうことをどこかで否定されたように感じているかもしれませんね。お金よりも、やりがいや人の役に立つかどうかを優先したら、お金がたくさん稼げないのではないか。と不安に思うかもしれません。

もっと稼いでいいのです。

条件ということは、必要不可欠なものだということ。お金を否定しているのではなく、むしろ肯定しているのです。せっかくなら、より良い条件を得られるようになった方がいいですよね。

豊かになる「なり方」が大事。

お金が目的になってしまうと、中には人を騙してお金を稼ぐ人も出てきます。効率を求めていったら、人から巻き上げる方が手っ取り早いのかもしれません。これからも、オレオレ詐欺的なものは進化こそすれなくなることはないし、お客様のことよりも、利益を優先しようとする会社や人は、なくなることはないでしょう。

ではどうしたらいいの?

とてもシンプルなことです。一生懸命働いて堂々と対価をいただき、お客様に喜んでもらいながら豊かになっていったらいいのです。働く中で人とのつながりが生まれ、喜びや悔しさを感じ、それを人と分かち合い、成長する。その繰り返しが「働く」ということです。

人の役に立つことを精一杯やっていけば、仕事を通じてあなたは心も懐も豊かになれるはずです。

「この仕事で、私は豊かになります」

胸を張って、そう断言できる「働き方」をしましょう。

HINT 79 CHAPTER 6
「ボランティア」と「仕事」の違いはなにか?

自分の好きなことが必ずしもお金になるわけではない。

ボランティア		仕事
もらわない	お金	もらう
自分	評価者	他人
誰にも文句を言われず自分の好きなことをやって満足する	考え方	相手が好きであろうものを提供する

評価されるされないに関わらず
お金にならなければ
それはボランティア

おまけの章　働く事を楽しむ

「ボランティア」と「仕事」の違いは何か？

　ボランティアと仕事の違いは、お金をいただくかどうかということです。ボランティアだったら、体調が悪かったり、他にもっと大事なことが発生したり、気が向かなかったりすれば、サボることも自由でしょう。効率性も考えなくていい。そこに、対価を支払うお客様は存在していないのですから。

　実際震災ボランティアなどで、瓦礫（がれき）の撤去作業などを手伝っている人がもしサボっていたとしても、文句を言う人はいないでしょう。

仕事はそうはいきません。

　同じ撤去作業をしていたとしても、たとえば自衛隊や建設会社の人だったら文句を言われるはずです。

　もしあなたが対価としてお金をもらうのであれば、あなたは責任を持って、相手に対して価値を提供しなければなりません。人に喜んでいただけて、初めてお金を得ることができるのです。

ここで勘違いしてはいけないこと。

　それは、仕事の評価は他人がするものだということです。いくら自分で私は価値があると思っていても、お客様に評価されて仕事を発注されなければ、あなたのほしい条件（お金）は得られません。

皆に共感してもらえるような「目的」を持つ

　評価するのは他人だからこそ、働く「目的」は、皆に共感してもらえるようなものを設定できるといいですよね。「あ〜、それはいいね」と共感してもらえる、「そんな人と働きたい」とワクワクしてもらえるような目的を設定し、そんな人であり続けること。

　もちろん、大前提として自分がワクワクすることが大切です。

　仕事の評価は、対価が発生する以上、他人がするものだということを忘れないでくださいね。

「ボランティア」と「仕事」の違いはなにか？

どうせ働くんだったら、楽しもう！

おまけの章　働く事を楽しむ

まだ違和感のある人はいませんか？

「プライベートは楽しいのに、どうしても仕事は楽しくない…」そう思っている人、きっとたくさんいますよね。

どうしてそう感じるのか？
それは、お金を支払う側と支払われる側の違いです。
自分が好きなこと、欲しいものに対してお金を支払い快楽を得る、プライベートでの経済行為は、楽しくて当たり前です。お金をいただく「仕事」とはそもそもの大前提が違います。

主体性を持って楽しめるかどうか。

好きなことは受け身で、「楽しい」のは当然です。「働く」ことを楽しいと感じるためには、あなたが他人に価値を提供しお金を得る行為、つまり仕事を、主体性を持って楽しもうとするかどうかにかかっています。つまり **HINT71**(168P)でお話ししたように、自発的に「楽しむ」工夫が大切なのです。

働くことを「楽しむ」ためのコツは、

① 今の仕事に興味を持つ。
② 今の仕事の好きなところを見つける。
③ 働く目的を考えてみる。

「働いている」自分自身を楽しもう。

同じ時間を過ごすなら、人生の多くを占める「働く」ことを、思う存分楽しんでしまった方が幸せですよね。あなたが働くことで誰かが喜んでくれる。それが自分の喜びにもなる人生を送りましょう。

おまけ。は続く…
「働く」ということについては、著者は、これからも研究を続けていくようです。また続報を待っていてくださいね。

どうせ働くんだったら、楽しもう！

おわりに

「 自分の人生を楽しもう! 」

ここまで読んでくれてありがとうございます。
あなたの悩んでいることのヒントになるページはあったでしょうか?
私は、全国の企業向けに研修事業を行っている張替一真と申します。
最後に、皆さんにお伝えしたいことを少しお話しさせてください。

私はこの本では最後まで自分の存在は出さず、フキダシ君に全てを委ねました。私自身にもベストセラーを出したい、有名になりたいという野心がないわけではありません。けれども今回は、勇気を持って一切そういう自我を捨てました。

とにかく一人でも多くの人に、この本に書いてあることを伝えるために、「幼稚園児にも伝わる」本をつくろうと決め、イラストレーターの横井いづみさんや、グラフィックデザイナーの古川友武さんらの力も借りながら、誰にでもわかりやすい本を作り上げたつもりです。
本を読むのが苦手な人、漫画すら面倒…と思っているような人でも、イラストを眺めるだけで、「これ、試してみようかな」「私でもやれそう」「ちょっとがんばってみようかな」…そう前向きに思ってもらえる内容になっていると思います。

人生に突然、"スーパーラッキー"が起こることはありません。
自分は今のままでも、いつか奇跡が起きて、人生が夢のように輝かしいものへと転換するラッキーが自分の身にも起きるのではないか、自分だけは特別だ、そうどこかで思っているとしたら大きな勘違いです。

　年末ジャンボ宝くじの当選確率は、搭乗した飛行機が墜落する確率よりずっと低いと知っていますか？ "スーパーラッキー"を期待するのも宝くじを買うのも同じこと。自分の努力とは関係のない途方もなく低い確率の運や奇跡に依存しながら、大切な人生を生きるようなものです。

　そんなラッキーに期待してなんとなく日々を過ごすのではなく、目の前にある自身の人生を、自分の手で良い方向へと変えていきませんか？

　人生には辛いこと悲しいこと、嬉しいこと楽しいこといろいろなことが起こります。全ての出来事は、自分を成長させてくれる糧となり、自分自身の"ストーリー"を彩ってくれるものなのです。自覚的に、そして大いに楽しみながら、人生のストーリーをつくっていきましょう。

　そのために大切なことは「あきらめない」ことです。

　「あきらめない生き方」
　　㋐いをもって
　　㋖ずなをつくり
　　㋶しさをみがき
　　㋱いかくなビジョンのもとに
　　㋚かまとともに
　　㋑のちをつかうこと

愛は自分への愛、他者への愛。　絆は 自分との絆、仲間との絆。
ぜひ、すばらしい「自分だけの人生」を楽しんでください。

　　　　　　　　　　　　　　　　　2018年12月　張替一真

おわりに「自分の人生を楽しもう！」

やってみせ、言って聞かせて、させてみせ、ほめてやらねば、人は動かじ。話し合い、耳を傾け、承認し、任せてやらねば、人は育たず。やっている、姿を感謝で見守って、信頼せねば、人は実らず。(Y・K)／不易流行 (I・N)／忠誠心 (J・M)／勝利の女神は細部に宿る(K・M)／為せば成る(S・T)／高ければ高い壁の方が登った時気持ちいいもんな (Y・M)／努力は必ず報われる(S・H)／上善は水のごとし(I・O)／切磋琢磨(H・I)／為せば成る、為さねば成らぬ、何事も(K・A)／賢者は歴史から学び、愚者は経験から学ぶ(R・H)／真剣に向き合って、やって、やって、やりぬいた先はなるようになる(T・C)／反省はしろ、後悔はするな(Y・T)／なんとかなるさ(K・T)／技術を磨く前に、漢を磨け!(I・N)／今を生きろ(N・F)／**ピンチはチャンス(H・M)**／**しなやかにパワフルに (Y・O)**／つくるを通じ、もっと楽しい!を広げる(K・I)／ずる賢いより正直にいる(Y・N)／**最大の名誉は決して倒れないことではなく、倒れるたびに起き上がることだ(J・H)**／「功・財・人」の教え…人は、功を成す為に命をかける。功を成せば、財が付いてくる。しかし、功・財を成しても二流 … 人を残してこそ、一流!(Y・K)／感動変革(Y・M)／人は責任を取った分だけ自由になれる(Y・I)／積小為大 (H・N)／「勝ち負けなんてちっぽけなこと。大事なのは本気だったかどうか」(A・N)／不撓不屈(S・N)／**念ずれば花ひらく(Y・T)**／ギブアンドテイク(T・T)／覆水盆に返らず(K・M)／人生二度なし(K・K)／散歩の途中で富士山に登った人はいない(T・S)／人は人の笑顔で幸せになる(M・N)／相手の心に火を灯す(M・K)／和顔愛語(E・Y)／みんなの為に一歩前へ(Y・H)／大事なのは答えではなく、思考することに踏み止まる意思だ。(N・S)／あせらず、たゆまず(T・A)／That's outside my boat (T・O)／カードのNOは新しい道へのGOサイン。だけどカードがNOと言わない限りあきらめない」(M・K)／一所懸命(Y・T)／わくわくする方に未来が開く(K・A)／上善如水 (H・H)／時には起こせよムーブメント(A・K)／『人、知識との出会いにより化学反応を起こす』(K・N)／はい、よろこんで(Y・H)／『我が為すことは我のみぞ知る』(S・M)／「敬天愛人」(K・S)／お前の笑顔は、嘘がないよな(R・N)／ハイリスクハイリターン(H・M)／**みんなが笑って暮らせる世を創る(Y・S)**／相手の立場に立って考える(R・M)／為せば成る、為さねば成らぬ何事も、成らぬは人の為さぬなりけり(D・A)／大事なのは答えではなく、思考することに踏み止まる意思だ。(N・S)／苦いこともあるだろう。云い度いこともあるだろう。不満なこともあるだろう。腹の立つこともあるだろう。泣き度いこともあるだろう。これらをじっとこらえてゆくのが男の修行である。(T・I)／**「虚心坦懐 自分を見つめなおせ」(S・S)**／「向き不向きより、前向きに」(K・O)／今日という日は、残りの人生の最初の日である(K・S)／人間万事塞翁が馬(M・K)／**考えるな!感じろ!(Y・A)**／自分のできることを一生懸命やる(D・I)／やっ

た後悔はしても、やらなかった後悔はするな (Y・M)／人の力は青天井 (S・A)／チャレンジ (S・H)／できるとおもえば できる、やれるとおもえばやれる (S・K)／努力に勝るモノなし (K・Y)／家が成って初めて恩賞が与えられる (A・N)／ゾーンは超えるもの (T・S)／一途な思いは叶う (S・S)／**こけたら立ちなはれ (T・S)**／後悔先に立たず (I・F)／**ただ、我。(S・M)**／二兎追ってたら三兎目が出てくる (N・K)／ Love the life you live. Live the life you love. (S・M)／おかげさま (A・K)／豊かさを求めよう (T・M)／隠几熟眠開北牖。(M・N)／一生勉強、日々前進 (S・A)／反省しろ。後悔はするな。(M・M)／**異体同心 (M・I)**／諸行無常 (T・M)／ピンチはチャンス (T・M)／魅は与によって生じ、求によって滅す (Y・T)／人生は『見切り発車』でいけばいい (H・M)／只、只ただ前へ！(T・S)／**動けば変わる (K・I)**／**人に優しく、自分にも優しく (K・K)**／為せば成る、しようと思って出来ないことはない (K・N)／チャレンジし続ける人生 (R・T)／人生「生き方」が大事 (H・O)／前に進むには、後ろになにかを置いていかなければならない (S・S)／着眼大局 着手小局 (M・M)／〔やり続ければ〕なんとかなる (A・H)／士別三日、即更刮目相待 (K・U)／艱難汝を玉にす (T・O)／ slow but steady (T・A)／なんくるないさー (Y・K)／全てに真心を (Y・T)／唯一無二の存在 (Y・N)／ありがとうの対義語は当たり前 (S・K)／歯車になるな、モーターになれ！(J・T)／遊動一致駆け込み乗車でも乗ったもんの勝ち無茶振りと締め切りが人を成長させる (K・T)／なんとかなる (M・K)／夢なき者に成功なし (D・T)／まず、やる (J・I)／自分で決めろ。思った通りにいかないが、思った以上に必ずなる (M・K)／七転び八起き (R・T)／他人と過去は変えられないが、自分と未来は変えられる (T・K)／軸ができると姿勢もよくなり人生もよくなる (Y・T)／会う人皆師匠 (N・K)／事実は一つ解釈は無限 (Y・N)／あせらず、たゆまず (T・A)／人、知識との出会いにより化学反応を起こす (K・N)／ピンチはチャンス!!なんとかなる!!! (A・H)／神様は乗り越えられる試練しか与えないやれば出来る!! (K・N)／過去と他人は変えられない。変えられるのは自分と未来だけ (T・I)／刻石流水 (E・S)／自分が動けば、自分が変わる。人生が変わる。(T・K)／一意専心 (S・A)／陰徳 (T・K)／求め合うより与え合う (N・N)／考えるより動く！迷ったらやる！(K・Y)／下りのエスカレーターは登らない (T・F)／継続は力なり (T・A)／継続は力なり (K・S)／常勝思考 (H・T)／克己 (K・Y)／人生とは自分を見つけることではない。人生とは自分を創ることである。(T・H)／継続は力なり (T・W)／奇跡の生還できた、役割、使命を果たし、挑戦する人生を生きる」大復活、大逆転 (Y・I)／運命の中に偶然はない。人間は、ある運命に出会う以前に、自分がそれをつくっているのだ (K・W)／すべてが血となり肉となる (M・S)／明日やろうは馬鹿野郎 (K・N)／有言実行 (M・K)／ No 1 is not necessary only 1, Only 1 is necessary No 1. (S・S)／スーパーポジティブ (O・S)／面白きこともなき世も面白く (T・G)／勇気と素直さとユーモアをもって (S・Y)／百花春至為誰開 (K・Z)／**心にビタミン。(I・Y)**／ The First Following (T・F)／全ての原因、我にあり (G・O)／志高く、人生の登る山を決めて、未来を切り拓く。(Y・S)／音楽は体験であり、思想であり知恵だ。もし君がそれを実践しなければ、楽器からは何も生まれない。(T・T)／それでもなお (K・T)／餅は餅屋、人に頼る勇気を持とう。(O・N)／私なら！必ず出来る！(K・S)／行雲流水 (C・M)／楽笑 (S・H)／好きこそ物の上手なれ (K・K)／念ずれば想いは必ず叶う (G・M)

あきらめない仲間達の座右の銘

著者紹介

張替 一真（はりがえ・かずま）

株式会社あきらめない 代表取締役

1984年生まれ。日本全国の中堅中小企業向け研修事業を行っている。「難しいことを誰にでもわかるように伝えること」「自分の頭で考えてもらうこと」を大事に、炎のジャンケン等の手法を使って、会社の空気を変えることを得意としている。「関わる人に希望の光と愛情を与え続ける」が自分の軸である。会社名の あきらめない の由来は自分があきらめないようにする戒めの意味も込めている。

絵：横井 いづみ（よこい・いづみ）

セブンラノイ株式会社 取締役 チーフデザイナー

1981年 香川県生まれ

京都精華大学デザイン学部プロダクトコミュニケーション学科卒

企画：天才工場　吉田　浩
編集：　矢本　祥子
エディトリアルデザイン：コピーマック　古川　友武

自分を動かす習慣　～80のヒント集。～

2019年1月30日　初版発行
2019年4月22日　5刷発行

著　者	張　替　一　真
発行者	常　塚　嘉　明
発行所	株式会社　ぱる出版

〒160-0011　東京都新宿区若葉1-9-16
03(3353)2835 ― 代表　03(3353)2826 ― FAX
03(3353)3679 ― 編集
振替 東京 00100-3-131586
印刷・製本　(株)ワコープラネット

Ⓒ2019 Kazuma Harigae　　　　　　　　　　　Printed in Japan
落丁・乱丁本は、お取り替えいたします

ISBN978-4-8272-1166-5 C0030